灯湖剑影

广东金融高新区十年发展回顾

（2007—2017）

广东金融高新技术服务区
北京外国语大学南方研究院 著

Review of Guangdong Financial
High-Tech Zone in the Past Decade

·北京·

图书在版编目（CIP）数据

灯湖剑影：广东金融高新区十年发展回顾：2007—2017 / 广东金融高新技术服务区，北京外国语大学南方研究院著.
—北京：中国经济出版社，2020. 3
ISBN 978 - 7 - 5136 - 6079 - 2

Ⅰ. ①灯… Ⅱ. ①广… ②北… Ⅲ. ①高技术开发区—经济发展—成就—广州 Ⅳ. ①F127. 651

中国版本图书馆 CIP 数据核字（2020）第 036933 号

责任编辑 杨元丽
责任印制 巢新强
封面设计 任燕飞

出版发行 中国经济出版社
印 刷 者 北京九州迅驰传媒文化有限公司
经 销 者 各地新华书店
开　　本 710mm × 1000mm 1/16
印　　张 15. 5
字　　数 200 千字
版　　次 2020 年 3 月第 1 版
印　　次 2020 年 3 月第 1 次
定　　价 68. 00 元
广告经营许可证 京西工商广字第 8179 号

中国经济出版社 **网址** www. economyph. com **社址** 北京市东城区安定门外大街 58 号 **邮编** 100011
本版图书如存在印装质量问题，请与本社销售中心联系调换（联系电话：010 - 57512564）

编委会

编写委

宋 阳 于 程 黄晓萍 张 倩

协助编写

曹雪城 陈洋洋 胡可为

序言 Preface

本书回顾了广东省金融高新技术服务区（以下简称“金融高新区”）自诞生至成立十周年以来的发展历程，介绍并探讨了该区域在城市规划建设，产业发展路径以及跨区域合作等方面的众多措施和成果，对金融高新区发展过程中各个时期所面临的政治经济环境、机遇与挑战进行了全面的分析与阐述。

全书分为五个部分。第一部分重点描述了在全球金融危机的背景下，中国的宏观经济环境以及广东省的金融强省战略如何促成了金融高新区的诞生；第二部分着重介绍了金融高新区的战略定位、招商引资和建设情况；第三部分主要介绍了金融高新区从后台走向前台的战略重心转移过程，对产业金融发展战略的酝酿、制定和实施过程进行了充分阐述；第四部分重点回顾了金融高新区在金融产业前沿领域所进行的探索和初步成就，包括互联网金融、金融租赁、“区块链+”等；第五部分就如何评价金融高新区十年来的发展成果进行了探讨，并从宏观和微观两个角度分别总结展示了金融高新区的主要发展成就。

整体来看，金融高新区在广州、深圳、香港等众多金融中心的环伺中闯出了切合自身特点的区域发展道路。其在不同阶段提出的金融后台、民间金融、科技金融、产业金融、互联网金融等产业发展路径，都是符合当时具体情境的科学发展战略。面对数次宏观经济环境以及产业环境的剧变，金融高新区主动应对，奋勇创新，在困境中积极探索，在逆境中砥砺前行，完成了从无到有，从追赶到领先的卓越成就。然而，十年对于区域的发展仅仅是弹指一挥间，是非成败，言之尚早。本书谨期望以客观公正的态度，记录金融高新区的第一个十年。这既是一个结束，也是一个新的开始。

目录

Part I

广东金融高新区
横空出世（2007年）

第 1 章　全球金融风云

2007 年成立至今，广东金融高新技术服务区（以下简称“金融高新区”）走过了从定位到建立、积累与发展的十年。伴随着金融高新区的诞生与成长过程，也记录了佛山在珠三角区域、在广东省乃至全国金融经济发展布局中占据的独特地位。从无到有，从单一定位到多方位发展，从起步到腾飞，金融高新区历经十年的摸索与发展，走出了一条具有“佛山特色”的金融发展道路，与广州、深圳、香港等金融强区优势互补，遥相呼应，为珠三角地区的经济发展注入了不竭的动力。

金融高新区的建立对于佛山市、广东省、珠江三角洲乃至全国的产业升级和金融发展的意义都不言而喻。走进今天的金融高新区，处处都让人赏心悦目，整齐宽敞的街道、绿树成荫的环境、便捷的交通、高档现代又错落有致的办公大厦、便利的生活设施（酒店、餐饮、超市、学校、医疗机构）等，与优美惬意的千灯湖景区一同勾勒出一幅优雅、静谧又生机勃勃的风景画。站在这片园区中，佛山南海仿佛不再是一个只停留在工厂机房机器中的制造业大城，而是一座正在大步迈向现代服务业的金融之城，而这正离将金融高新区打造成未来“金融硅谷”的目标越来越近。

在金融高新区成长了十年之后，有许多问题值得我们驻足思考，深入探究：佛山将金融产业作为发展现代服务业的核心任务，是否切中了城市经济转型与升级的命脉？是否符合区域和国家的长远规划？佛山一直以来都将金融高新区的建设视为自身金融发展的核心抓手，十年的发展历程是否验证了这一规划的正确性？在众多金融产业的领域之中，金融高新区选择了“金融后台”这一分支作为自己的起始定位，是否适合佛山的特点？是否能够带领佛山走出一条独具特色的金融发展之路？作为金融高新区的建设者与引导者，政府从何处着手落实这一庞大而富有挑战的项目？面对未来，金融高新区又该有怎样的指导方针、发展战略和落实规划？

面对这些问题，我们需要回顾过去十年中金融高新区的成长轨迹，去寻找它们的答案。

金融高新区的发展历程清晰地展示了世界经济和金融发展的脉络。首先，本章将从2007—2008年全球金融危机这个节点开始，论述世界各国调整各自经济发展战略和布局的必要性，这一年开始，中国重新思索和调整自己的金融产业发展布局，为后来的广东省以及佛山市金融发展指明了道路。其次，本章梳理了我国改革开放之后在全球经济格局中的位置、所面临的机遇与挑战，以及不断参与国际合作的努力与贡献。最后，本章阐述了当前金融前台与后台分离的趋势，细数了金融后台在全球范围内的发展情况，并进一步对国内金融后台机构与分布区域进行了分析。

金融危机使世界经济遭受重创

2007—2008年是中国经济发展历程中的重要节点，1978年中国改革开放后，中国发生了翻天覆地的变化。在飞速前进的道路上，许许多多的辉煌与成就被镌刻在这一段历史上，经济腾飞、社会稳定、人民生活水平不断提高、城镇化发展不断深入、与全球合作日益紧密。改革开放的几十年，中国经济飞速发展，回顾过往，展望未来，可以说2007—2008年是我国经济发展的一个重要转折点。

2008 年是世界经济剧烈震动的一年。雷曼兄弟公司的破产，拉开了这场世界金融大地震的序幕，伴随着世界石油价格的上涨和全球经济失衡，美国房地产市场泡沫破裂所带来的次贷危机给世界经济出人意料的一击，多重因素相互交织，威力之大，让人始料未及。这场金融海啸也成为 2008 年世界经济发展的分水岭，从上半年的高增长、高通胀到下半年的急速下滑和衰退迹象，这样“过山车”似的走势无疑给世界经济发展的前景笼上迷雾，雪上加霜。无论是 IMF、世界银行、联合国，抑或是其他金融机构都对世界经济增速持谨慎态度，纷纷预测增速为 2.5% ~3.7%，已经下降到 2002 年以来的最低水平。世界主要经济体也都呈现出不同的情势。发达国家、地区中的美国、欧元区和日本的增速分别为 1.4%、1.2% 和 0.5%，发展中国家受这场地震的影响较小，依然能够维持 6% 左右的增速，其中位于东亚新兴市场的中国仍然贡献了 8.5% ~9.4% 的高速增长。尽管如此，中国的制造业也无法完全抵挡世界经济衰退潮裹挟而来的冲击。美国房地产泡沫开始，这场地震的第一张“多米诺骨牌”倒了，随后接连引发的次贷危机、银行倒闭潮、冰岛破产、越南和韩国的经济危机等将震荡从金融业传导到了实体经济，通过全球贸易和投资接入世界经济大网中的制造行业成为下一张被推倒的多米诺骨牌。汽车、航空、钢铁等支柱性制造业开始出现衰退和下滑，迫使各个国家出台救市方案。在这样一个“兵荒马乱”的全球经济背景之下，2007—2008 年注定成为各国调整经济发展战略和布局的关键节点。

金融发展遇良机，国际趋势机不可失

经济全球化的发展趋势决定了资源配置的全球化趋势，作为现代市场经济核心的金融产业必然融入其中，支持和服务经济全球化的发展，参与全球配置资源活动。这种经济全球化与金融全球化互动作用的结

果，直接推动金融开放不断扩大、金融支持和服务不断创新。这种开放和创新对于较后开放的国家和地区显得尤为紧迫和重要。近年来国际金融发展呈现出新的趋势，国际资本正逐渐向中国等发展中国家转移。改革开放以来，中国利用劳动成本低廉、市场容量大等优势吸引了大量资本进入，承接了大量的国际产业转移。改革开放之初，向中国转移的产业主要是以轻纺工业为代表的轻工业，广东地区成为纺织加工贸易发展的主要阵地。20 世纪 90 年代后，中国的国际产业转移迅速发展，制造业成为中国承接的主要产业，外商对中国的投资不断增多，直接投资的金额不断增长，并保持在较高水平。2001 年中国加入 WTO，市场和政策更加开放，中国对国际产业的吸引力进一步增强，进而成为外商直接投资的首选地之一，随着中国“世界工厂”地位的稳固以及中国经济的高速增长，世界产业进一步向中国转移。

近年来，中国不断扩大并参与国际经贸合作，以开放的姿态融入世界经济合作框架。2001 年中国成功加入 WTO，标志着此后能以最惠国身份与世贸组织成员国进行平等贸易，一同参与 21 世纪国际贸易规则的决策与制定，调整并适应国际经贸的新规则与新秩序，通过改善国内的投资环境，进一步扩大商品出口，也更加有利于吸引外资。2006 年，中国按照“入世”承诺，取消外资银行在中国经营人民币业务的地域限制和客户限制，一改过去多年外资金融难以进入非中心城市、非省会城市的限制，实现了金融业的全面开放，中国金融业与国际接轨将越来越紧密，更多的国际金融寡头和国内金融巨头纷纷落户广东，这为佛山带来了新的机遇，佛山的金融发展潜力有望吸引更多的外资金融机构。2002 年签署并成立的中国—东盟自由贸易区与欧盟、北美自由贸易区共同成为世界三大区域经济合作区，而中国—东盟自由贸易区是世界上人口最多的、由发展中国家组成的最大自由贸易区。通过自贸区的建立，中国的市场进一步开放，尤其是服务贸易领域的开放将为包括东盟在内的国外投资者提供广阔的商机，进一步促进中国与东盟之间的贸易与投资联系。2003 年中央政府与香港特区政府签署并实施《内地与香港关于建立更紧密经贸关系的安排》（以下简称 CEPA），旨在逐步减少或取消双方之间实质上所有的货物贸易的关税和非关税壁垒，逐步实现服务贸易的自由化，减少或取消双方之间实质上所有的歧视性措施，并促进贸易投资便利化。2003 年以来，广东省积极倡导并与福建、江西、湖南、广西、海南、四川、贵州、云南等 8 省（区）政府以及香港、澳门特别行政区共同推动泛珠三角区域合作（即“9 + 2”），在基础设施、产业与投资、商务与贸易、旅游、农业、劳务、科教文化、信息化建设、环境保护、卫生防疫等 10 大领域展开了大量的合作，通过两大区域合作平台以及相关的合作制度进行分工协作，促进区域间的商品和要素流动，使得泛珠三角区域的所有成员都可以获得收益，使得区域所建立起来的共生共赢型经济体系，成为中国未来经济发展的高速增长极。

从现代经济增长的两种动力模式来看：发展中国家常常靠发挥比较优势来获得经济增长的动力；而比较发达的国家已经超越依赖比较优势获得发展动力的阶段进入发挥集聚优势获得发展新动力的阶段。对于发展中国家而言，要实现经济社会持续快速发展，就必然要从靠比较优势获得发展动力阶段向靠集聚优势获得发展新动力阶段升华。要实现这种升华，就必须想方设法更多地集聚资本、人才与科技，将这些优势集聚到某一区域成为这一区域经济发展的核心推动力。在这种优势集聚过程中，金融是纽带和桥梁，金融领域是金融产业发展竞相聚集金融资源、金融人才、金融新技术的没有硝烟的战场。金融创新是促进区域形成金融集聚优势的不二法门。

经济全球化、金融全球化、区域合作的不断深化，中国以越来越开放的姿态融入世界合作之中，全球产业和资本的转移趋势，这些都为中国的金融发展提供了难得的机遇，此时大力发展金融业，无疑是恰逢良机。

就国际金融产业发展情况而言，进入21世纪以来，金融产业创新发展的一个明显趋势，就是前台与后台业务加速分离；后台业务部门分工不断细化；金融后台业务向产业化发展。随着越来越多的金融机构进驻中国，金融后台也开始逐渐落户中国，成为制造业之后中国城市下一个产业结构升级的突破点。金融后台业务基于现代化信息技术，银行、证券、保险、信托等金融机构通过对业务处理流程的重新识别、分化、设计，实现网店前后台业务在时间和空间上的完全分离，将具有知识密集、技术密集、资本密集等特征的后台业务（如票据支付和清算、数据分析和处理、金融资产管理、灾难备份、客户服务中心、人力资源管理和培训、定损理赔、产品研发等）交由聚集在金融服务产业园中的集团相关子公司或外部专业机构实施集中统一处理。这种精细化、专业化、集约化的现代金融管理模式能为金融企业构建科学的业务及管理组织体系，把自身资源集中关注于战略核心环节，有利于进一步拓宽发展空间，降低运营成本，提高经营效率，从而获得可持续的核心竞争优势。

金融产业前后台业务的分离，也是国际金融产业发展的产物。国际金融产业的竞争日趋激烈，沉重的经营成本压力促使金融机构不断优化经营规模，细化内部业务分工，使得各部门间的成本收益核算日益精准。世界主要金融中心的金融机构的人工成本不断攀升，近年来已接近总成本的2/3，而全球各大金融功能核心区高昂的房租价格，使其在金融机构成本中所占的比重与日俱增，根据数据显示，全球金融中心之中伦敦西城和市区的房租价格指数最高，

东京（内中城）紧随其后，与伦敦几乎不相上下，排在第4～6名的依次为巴黎、法兰克福和香港，而纽约曼哈顿中城和老城的房租价格指数则位于这些城市之后。根据欧洲中央银行2004年对欧盟金融机构

后台业务外移动机的调查显示，实施金融前后台业务分离的首要原因为降低成本，可见运营成本因素是金融前后台分离模式的重要推动力。

计算机、网络传输等信息技术的快速发展和在金融领域的广泛应用，使信息迅速、方便地进行远程传递，不受距离限制，能够代替甚至减少人力劳动，精简作业流程，并能提供大量的详细信息，共享信息。在程序处理方面，信息技术的发展改变了原有的次序，有能力同步执行任务。在知识管理方面，通过互联网、大数据等新技术手段，获取并应用知识和能力变得更容易快捷。以“大集中”的方式“外移”金融后台业务系统，逐渐成为金融企业业务流程再造的普遍选择策略。

此外，金融前后台业务的分离也是金融创新和金融自由化的产物。无论是金融管理模式、组织结构、经营理念，还是产品、技术、市场以及结构和流程方面，金融业务前后台分离都是一种创新。例如，一个完整的金融再造工程促使了内部流程再造及随后的外部流程转移；新技术特别是先进信息技术的应用使许多业务特点和服务更加个性化和专业化；进入新的金融市场空间促使金融机构想方设法从外部获取资源；而组织结构和流程系统的创新，使众多盈利少、非核心的业务被划分出来，形成相对独立的金融后台业务。20 世纪 70 年代开始的金融自由化涵盖了多个方面，如放松对金融机构的管制；取消或放宽各类金融机构经营的业务领域限制；允许各类金融机构之间的业务可以互相交叉；取消对各类金融机构的价格限制；允许商业银行等金融机构自由设立分支机构，可以兼并其他种类的金融机构，组成混合经营的金融联合体，等等。金融自由化迫使金融机构在自有资源和实力有限的情况下，不断从外界寻求新的资源，并创新经营管理模式，将某些非核心业务转移或外包，以专注于核心业务发展，提高核心竞争力。

据 IBM 全球服务机构研究，1997—2002 年在《财富》全球排行榜中，排在前 10 位的企业已经有 80% 实施了后台业务外包，前 100 位的企业中有60%实施了后台业务外包，500强中有36%实施了后台业务外包。IBM对全球80余家实施后台业务外包公司公开财务数据的分析表明，在接受后台外包服务之后的两到三年内，其业绩均有显著增长。金融后台服务外包行业目前处于行业生命周期的高速成长期，相关调查显示，一些主要发达国家的金融机构未来几年计划迁移大约200万个工作职位到那些具有相对低薪劳工优势的发展中国家或地区，相当于业界运营成本1/5的业务量流向海外。金融后台业务的“离岸化”成为新的发展趋势，许多跨国公司通过建立离岸交易及服务中心来提高本机构的整体效率。从目前的国际金融后台服务市场看，美、英、德、法等国是最重要的金融业务外包来源地，而印度则是金融外包的最大受益国。在全球金融业务离岸外包市场中，印度的市场占有率已经达到80%，年均增长保持在20%左右，印度的市场目标还包括东京、新加坡和中国香港等亚洲金融中心。很多跨国金融机构都在印度设立了规模浩大的客户呼叫服务中心。根据德勤会计师事务所的预测，到2010年，全球离岸外包业务的年市场产值计划达到4000亿美元，占金融服务行业总产值的20%。

来自金融研究和服务公司Tower Group的调查显示，在所有行业中，金融业的外包规模仅排在制造业之后，位居第2。金融外包的范围覆盖了银行、保险、证券、投资等各类金融机构。随着金融服务业的外包趋势不断加强，当时全球最大的15家金融服务企业计划扩大信息技术项目的外包业务，预计金额也从2004年的16亿美元上升到2008年的38.9亿美元，平均年增长率为34%。对此Tower Group评价说：“金融服务外包市场潜力十分巨大，能为承接城市带来上百万个金融信息服务行业的高薪职位，创造增量的优质GDP，对发展地方新的经济增长点具有不可低估的经济与社会效益。”

就国内金融产业创新发展而言，在这一轮的全球金融后台转移浪潮中，广东省也应当把握发展机遇，通过发展金融后台业实现金融产业升级，进一步发展自身金融服务外包业务，包括信息技术外包 ITO 以及业务流程外包 BPO。在全球这两大市场上，印度占有份额为 44%，加拿大为 32%，而中国只有 4.9%。20 世纪 90 年代以来，国际金融业前、后台分离的趋势在加快，后台业务的分工也日趋细化，慢慢独立出来，外包服务的规模也在不断扩大，而这一分离使得前台和后天出现异地化，后台在新的区域集聚为金融产业服务区。印度的班加罗尔是典型代表，为解决“千年虫”问题，大量的数据修改被发包到印度，使得印度迅速崛起为全球最大的金融后台业务外包基地。到目前为止，印度独揽了全球金融业务 80% 的离岸外包业务，截至 2007 年 3 月底，印度外包产业（不限于金融）占有 44% 的世界市场份额，受雇员工超过 105 万人。中国的金融外包始于 20 世纪 90 年代的 IT 外包，直到 2005 年中国银监会才允许金融机构把某些业务流程外包。2006 年 10 月，中国银监会发布了《银行业金融机构信息系统管理指引》，对金融服务外包的风险管理做出了相关规定，中国金融外包才逐渐进入支付系统、银行卡、后勤保障、呼叫中心、保险后台中心等领域。为提升金融发展层次和金融服务效率，全国金融 BPO 争夺战也已打响，大连、上海、天津、西安、重庆、南昌、南京等城市都有所行动：大连凭借地缘对接优势，开始开拓日本和韩国的金融服务外包市场，2007 年 6 月，大连服务外包基地在甘井子区奠基，面积约 3660 亩，总投资 150 亿元；上海则强调本地产业对接，在张江高科技园区开拓 430 公顷土地，建设上海市金融信息服务产业额基地（上海市银行卡产业园），迅速聚集了中国人民银行、中国银联等多家金融机构的数据处理中心和信用卡中心，形成了以陆家嘴 CBD 为前台、以张江为后台的金融布局；2006 年底，深圳提出承接香港金融后台转移的设想，并与 10 余家港资金融机构签署了落户意向书；天津则在天津开发区服务外包园区形成了金融后台运营基地，为北京银行总部和本地金融机构提供服务，在前期引进亟须扩建的外资外包企业；西安率先提出打造数据灾备中心基地，并在2007年6月引入万国数据有限公司。

影响金融机构布局后台基地的因素是多方面的，鉴于不同时期世界不同区域的经济特点、金融机构的市场布局、各地扶持政策的力度等因素，后台机构的选址并非一成不变。深圳在谋求香港金融后花园定位的同时，也面临着本地金融机构后台业务流失的困境。出于企业市场布局的考量，2006年，招商银行将信用卡中心迁至上海，平安保险也在上海、成都成立了后台中心。汇丰银行出于粤港地缘考虑，于1996年将汇丰电子资料处理中心设在了广州，以汇丰电子资料处理（广东）有限公司的法人资格运作，并于2004年在广州增设了第二个中心，2006年又在佛山禅城成立第三个后台中心。即便如此，汇丰银行的后台布局仍是亚太区域概念的。在汇丰亚太地区11个营运服务中心中，除中国的3个外，还有印度的5个，斯里兰卡、马来西亚、菲律宾各1个。显然，汇丰银行依然将印度作为全球金融外包市场的首选。出于政策优惠的吸引，中国工商银行于1997年选择珠海建立了工行软件开发中心。当时，珠海市政府为吸引其落户，给予了工行软件开发中心国际级软件园的待遇，包括以优惠价格出售土地等。尽管工行软件开发中心已建成集软件开发、技术研究和培训于一体的高新技术产业基地，员工达到577人，但该软件中心并非独立法人，并不对外承接软件开发项目，只是成本统计而已。即便如此，工行继珠海软件开发总部后，又先后在广州、上海、北京、杭州建立了4个基地，各承担金融IT的一部分功能。

从目前的市场趋势来看，境外金融机构亚太区外包操作中心功能正逐步向上海转移，中国香港和东南亚金融机构呈现出将后台和外包基地设立在华南地区的趋势，日本、韩国首选大连。在这张版图上，花旗银行将软件技术服务中心设在上海，渣打银行将数据中心设在天津滨海新区，GE 金融将财务外包中心设在大连。而在信用卡领域，截至 2007 年 5 月，在上海设立信用卡中心的银行就达 9 家，其中农行、浦发银行、上海银行、招行和兴业银行还是独立法人，工行、光大银行则选择北京，深发展银行、中信银行在深圳设立中心。因此，广东应当率先获得中国港澳、日本乃至东南亚等地区的金融 BPO 业务。

2008 年可以说是中国经济和金融发展的重要拐点，受全球金融危机的影响和压力，中国主动思考自身金融产业未来的发展方向，不断加深改革开放，积极投身于全球经贸和金融合作中，抓住经贸全球化的机遇，使得国内区域，尤其是珠三角地区，深入区域内及国际化的融合。加之全球金融前台与后台分离发展的大势所趋，中国意识到未来金融业发展的新路径与可能性，逐步开始布局金融后台产业在我国的发展。

第2章　广东不甘示弱 抢当金融强省

本章重点关注珠三角地区和广东省对于金融产业发展的规划，将分别从广东省层面对发展金融强省的战略规划、珠三角地区对于区域整体金融发展的布局、粤港澳深入金融合作等方面进行论述，探讨广东省需要大力支持和推动金融产业的发展的原因，并从国家政策层面指出广东大力发展金融业的重要性、紧迫性与艰巨性。

金融产业是经济比较发达国家最具活力、最具辐射带动作用的支柱产业。改革开放以来，伴随着广东经济的健康快速发展，广东金融业迅速发展壮大，多项主要指标居于全国首位，已成为全国举足轻重的金融大省。然而广东省的金融业大而不强，尤其是金融作为一个产业发展相对落后，金融产业还没有成为支柱产业，也没有充分发挥出对经济发展的引领带动作用。金融产业发展的滞后与广东省产业结构优化升级、加快发展现代服务业的产业发展趋势不相适应。

2007年，广东省委、省政府召开全省金融工作会议，提出建设“广东金融强省”的目标，并出台了《中共广东省委、广东省人民政府关于加快发展金融产业、建设金融强省的若干意见》（以下简称《意见》）。广东在深入贯彻落实科学发展观，继续解放思想，努力争当实践科学发展观排头兵的新历史时期，确定了“大力发展金融产业，加快建设金融强省”的金融发展战略目标。为实现这一目标，全省上下正努力实现三大思想转变，即“从片面求大求多的思想中解放出来，实现由注重发展规模、速度向追求规模、速度与效率相协调的转变；从惧怕风险的思想中解放出来，实现由注重防范风险向防范风险与注重科学发展并重转变；从把金融仅仅作为投融资工具的思想中解放出来，实现由注重融资行为向发展金融产业的实质性转变”，以科学发展观指导全省的金融改革发展工作。

《意见》是指导广东 2007 年后未来十五年金融发展的纲领性文件，提出广东将大力发展金融产业，明确了加快发展金融产业、建设金融强省是广东省金融工作的中心任务，并将创建“金融高新区”作为广东省发展金融产业、建设金融强省的重要平台和载体，制定激励措施促进地方金融企业做强做大，强化区域金融中心的地位与功能。要在建设“金融高新区”的同时，建立广东省发展金融产业激励机制，对服务优良、产品创新突出的金融企业和防范金融风险成绩卓著的地区给予表彰奖励。省财政厅对关系全局的重要金融项目建设给予支持。按照中国人民银行广州分行的统计，截至 2006 年末，广东省银行业金融机构资产总额达 49812.5 亿元，本外币各项存款余额 43262.2 亿元，各项贷款余额 25935.2 亿元，总量指标均居于全国首位；全省有境内上市公司 162 家，上市公司总市值达 1.13 万亿元，全年从证券市场融资 281.6 亿元，累计融资 1553.6 亿元，位居全国首位；2006 年广东保费收入达 607 亿元，占全国的 10.7%，连续三年居全国首位。

同时，广东金融业存在发展与经济社会发展互动作用不相称、金融产业地位不高；金融业结构性矛盾突出，区域金融发展极不平衡；金融创新能力较弱，创新机制不够完善，产品、制度和服务创新能力不足；局部金融生态环境较差，金融风险隐患依然存在，一批停业整顿的地方中小金融机构尚未妥善退出市场等问题。

省领导在相关会议上表示，目前金融业正处在一个重要的历史转折期、发展机遇期，广东已具备加快发展金融产业的良好条件，提出了广东建设金融强省的“三步走”总体发展目标。首先，到“十一五”期末，全省金融业增加值占GDP和第三产业增加值的比重分别达到5%和11%以上，金融机构实现利润总额1000亿元；银行业机构不良贷款率降至10%以下；上市公司总市值达到2万亿元以上，全省直接融资比例达到30%；保费收入达到1200亿元，保险的深度和密度分别达到3%和1200元。具有广东特色的地方金融市场体系框架初步建立。其次，到“十二五”期末，全省金融业增加值占GDP和第三产业增加值的比重分别达到8%和15%以上，金融机构实现利润总额2000亿元；银行业机构不良贷款率降至7%以下；上市公司总市值达到4万亿元以上，全省直接融资比例达到40%；保费收入达到2500亿元，保险的浓度和密度分别达到4%和2500元。具有广东特色的地金融市场体系发展良好。最后，“十三五”期间，要保持金融产业稳定发展，具有广东特色的地方金融市场体系比较健全，与香港紧密联系的、辐射泛珠三角地区的广州、深圳区域性金融中心地位与作用得以确立。

同时，《意见》也明确了下一阶段广东省金融发展的任务，即完善金融体系，加快建设金融强省；研究制定扶持广东金融业发展的政策；支持和推动广州、深圳建设区域性金融中心；积极推动粤港澳金融合作，建立粤港澳金融业长期稳定的合作机制；大力引进国内外各类金融机构，加快发展银行、证券、保险等金融业务，加强创业投资、产权交易市场建设；稳妥发展民间金融机构，规范推进现有地方中小金融机构的兼并重组，积极推进农村信用社改革，加快停业整顿的中小金融机构的市场退出步伐；加强信用担保机构建设，完善基金运作机制；强化金融监管，地方政府要支持金融机构维护合法债权，有效防范和化解地方金融风险。

为实现“金融强省”的远大目标，广东省政府决定建立金融高新区，作为“金融强省战略”的基础性平台和抓手，涵盖银行、证券、保险、产权交易等领域，贯彻和落实广东省政府金融业发展的任务。

同时，广东省委、省政府还制定出台了《关于加快建设现代产业体系的决定》，提出要以现代服务业和先进制造业为引擎，实现经济发展的“双轮驱动”。金融产业作为现代服务业的高端产业，在现代产业体系的构建中起到引领和带动作用，金融产业能否实现科学发展，将成为未来广东省现代服务业发展的关键。在广东省发改委发布的《关于印发广东省新十项工程项目的通知》中，“金融高新区”计划总投资在现代服务业项目中位列第一，达到 100 亿元。此外，金融高新区还被写进了《中共广东省委、广东省人民政府关于加快发展金融产业建设金融强省的若干意见》（《广东建设金融强省“十一五”规划》）两个重要文件中，成为广东省“十一五”时期重点金融工程之一，在广东“金融强省”战略中同样位列七大基础性平台之首。

2007 年 8 月，佛山市政府出台了《关于加快推进广东金融高新技术服务区建设的意见》（以下简称《建设意见》）以吸引金融机构进驻金融高新区，并从多方面规定，今后如金融机构在金融高新区设立地区总部或扩大规模，机构和个人将享受资金奖励、地价优惠、补贴等多方面的资助。

《建设意见》提出，要制定扶持政策，提高金融高新区的吸引力和凝聚力。由佛山市及南海区安排财政资金，支持金融高新区的建设。金融机构在金融高新区新设或迁入总部，给予资金奖励；自建办公、业务用房的，给予地价优惠；购买或租赁办公、业务用房的，给予租金补贴；对为金融高新区建设、招商做出突出贡献的机构和个人，予以奖励。

历经三载　珠三角再度高屋建瓴谋发展

2008 年正值中国改革开放三十年之际，国家从战略全局和长远发展出发，对国内区域经济发展开始了新的部署和规划。珠江三角洲地区，这个改革开放的前沿阵地和中国重要的经济中心区域，将再一次背负着带动国家经济发展和先行示范作用的重任，向前迈进。

过去几十年中，珠三角地区是中国改革开放的前沿阵地，一直发挥着改革“试验田”的作用，与国内其他区域相比，较早地建立起社会主义市场经济体制框架，率先在全国推行以市场为取向的改革，成为全国市场化程度最高、市场体系最完备的地区。凭借着毗邻港澳的区位优势和对国际形势风云变幻的敏锐嗅觉，珠三角地区把握住了国际产业转移和要素重组的历史机遇，率先建立了开放型的经济体系，并成为我国外向度最高的经济区域和对外开放的重要窗口。珠三角的核心广东省，也成为全国位列第一的经济大省，经济总量先后超过了“亚洲四小龙”的新加坡、中国香港和中国台湾，为建立世界制造业基地奠定了雄厚的基础。高度聚集的人口和经济要素、高水平发展的城镇化、较为完备的基础设施、覆盖城乡的社会保障体系、迅速发展的社会事业和公共服务体系等无不展现了珠三角地区改革开放以来丰硕的发展成果，在为中国经济和现代化发展做出贡献的同时，也意味着珠三角地区要承担更多引领中国进一步深化改革开放和经济发展的责任与重担，并将面临更多的机遇与挑战。

珠江三角洲地区的发展面临着国际和国内、外界与自身的多重复杂形势。珠三角地区自身存在的经济与产业结构矛盾遭遇国际金融危机的冲击，区域内部分行业产能过剩遭遇外需急剧减少，地区较高的国际市场依存度与国际原材料价格大幅波动交织在一起，这些因素的相互叠加加大了地区经济运行的难度，也更加显著地揭露出地区深层次矛盾。总体而言，珠三角产业层次总体偏低，生产与制造多以低附加值产品为主，贸易结构也不尽合理，创新能力与整体竞争力仍有待提高。然而随着经济全球化和区域经济一体化的深入发展，珠江三角洲地区也将迎来未来发展的重大机遇：从世界范围来看，国际产业向亚太地区转移正成为全球产业发展的新趋势，亚洲区域不断扩大经济合作与交流，与此同时，中国—东盟自由贸易区的建设进程也在不断加快。从国内发展来看，中国的工业化、信息化、城镇化、市场化、国际化均在不断深入发展，粤港澳地区经济的相互融合也在不断加快，给珠三角地区的经济发展带来很强的后劲，经过改革开放后的高速发展，珠三角地区积累了雄厚的物质基础，强大的经济实力与区域竞争力均为珠三角地区的未来发展提供了有利条件和广阔的空间。

在这样的环境与背景之下，国家制定了《珠江三角洲地区改革发展规划纲要》，制定了 2008—2020 年珠三角地区未来十年发展的方针与方向，作为下一个时期改革发展的行动纲领和编制相关专项规划的依据。在经济发展方面，下一阶段，珠三角地区要被打造成为拥有世界水平的先进制造业和现代服务业基地，坚持落实高端发展的战略路线，建设自主创新的新高地，还要培育一批具有国际竞争力的世界级企业和品牌，发展与香港国际金融中心相配套的现代服务业体系，建设与港澳地区错位发展的国际航运、物流、贸易、会展、旅游和创新中心。在全国布局上，珠三角地区要继续保持全国领先的综合实力，进一步增强辐射带动能力，形成以珠三角为中心的资源互补、产业关联、提督发展的多层次产业圈，优化产业机构，调整为以现代服务业和先进制造业为主的产业布局，努力建设成为带动全国发展的龙头与引擎，以及全球最具核心竞争力的大都市圈之一。

珠三角地区的规划，也对佛山未来的发展提出了新的要求和希望。在产业发展与升级方面，佛山要提高产业集中度，提升产品质量，增强整体竞争力，通过新技术、新管理方式逐步摆脱低附加值产业，推动产业链条向高附加值的两端延伸，大力发展环保、节能、高附加值产品，推动传统产业向品牌效应型产业转变，并借助知名品牌、龙头企业、驰名商标的带动作用，做大做强产业集群，也以此增加自主品牌出口产品的比重。作为广州的卫星城和珠江口西岸地区的重要城市，佛山要继续强化广佛同城效应，提高产业额和人口集聚能力，增强要素集聚和生产服务功能，进一步优化城镇体系和产业布局。佛山未来发展的重点在于机械装备、新型平板显示产业集聚区和金融服务区。与整个珠三角地区一道，佛山也应当进行大胆的金融改革与创新，勇于先行先试，建立金融改革创新综合实验区。符合条件的企业将被允许发行企业债券，股权投资机构、创业投资引导基金、中小企业融资模式创新、中小企业信用担保基金、小额贷款公司、中小企业投资公司等都将得到支持与发展。

《珠江三角洲地区改革发展规划纲要》（以下简称《纲要》）明确了珠三角地区未来十年的发展重心与方向，也给佛山未来发展指明了方向，在经济金融发展领域，一方面佛山要对传统制造业进行转型与升级，建设高附加值产业链，打造知名品牌。另一方面作为广东省战略布局中珠江西岸地区的重要城市，佛山也要在金融服务领域进行改革与创新，在投资、中小企业信贷、融资、担保等方面大胆创新，助推产业发展。

《纲要》的通过，意味着珠三角发展上升为国家战略，而珠三角现代产业体系的构建尤为重要。现代产业体系中的重要一环——金融产业，作为现代服务业的高端产业，在现代产业体系的构建中起到引领和带动作用，其强大的辐射带动作用，在实现自身发展的同时，能够引领带动其他各个产业的发展。作为现代服务业龙头的“广东金融高新技术服务区”则在广东经济转型和产业升级、构建现代产业体系的战略布局中发挥着举足轻重的作用。在国家关于珠三角未来改革的整体战略中，金融高新区已成为珠三角构建现代产业体系的重要支点。位于佛山市南海区的金融高新区，正是珠三角地区坚持上下游错位发展、加强与港澳金融业合作的成功范例。

粤港澳联手 做大蛋糕夯实合作

广东作为沿海城市，是改革开放的前沿阵地，也较早地开展了区域合作，与香港、澳门的合作已发展成为由三地组成的大珠三角区域合作，并为三地发展带来勃勃生机和实实在在的利益。2007 年广东全省生产总值 30673.71 亿元，比 2006 年增长 14.5%；全年实现社会消费品零售总额 10598.14 亿元，比上年增长 16.2%；进出口总额 6340.49 亿美元，比上年增长 20.2%。其中出口额 3692.46 亿美元，增长 22.2%；进口额 2648.03 亿美元，增长 17.5%。实现贸易顺差 1044.43 亿美元，增加 277.54 亿美元。全年广东对中国香港、美国、日本、欧盟、东盟的进出口额达 4091.80 亿美元，占全省进出口总额的 64.5%。其中中国香港 1363.74 亿美元，增长 21.1%。

改革开放以来，香港对内地直接投资四成以上在广东，广东实际利用外资总额近七成来自香港资本，粤港进出口总额占广东进出口总额的 1/5。在银行信贷市场方面，到 2008 年 9 月，港资银行在广东设立了 81 家营业性机构，总资产近 1000 亿元人民币，是 2003 年初的 5 倍，占全省外资银行总资产的 50% 以上。在外资银行各项主要指标排名中，港资银行有 4 家，位居前 6 名，整体优势突出。在资本市场方面，共有 66 家广东企业在香港交易所上市，有 5 家香港金融机构已取得内地 QFII（合格境外机构投资者）资格，有 30 多家注册地在香港的金融机构获得深圳证交所 B 股特别席位和特约经纪交易资格。与此同时，广东金融机构也积极进入香港资本市场拓展业务，如广发、招商、中信 3 家证券公司先后在港设立分支机构并获得香港证监会颁发的证券经纪和投行业务牌照等。粤港澳合作正从传统的“前店后厂”合作关系向有制度安排的新型“前店后厂”合作关系转变。

2004 年开始实施的内地与港澳更紧密经贸关系的安排（CEPA），

为提升大珠三角的合作发展带来新的机遇。粤、港、澳三地政府高度重视，抢抓先机，确定了“前瞻、全局、务实、互利”的合作原则，确定了合作的目标、领域、项目和措施。粤、港、澳三地希望加强合作，力争通过十到二十年的努力，使广东发展成为世界上重要的制造业基地，香港发展成为世界上重要的以现代物流业和金融业为主的国际商贸服务中心，澳门发展成为世界上更具吸引力的博彩旅游中心和区域性商贸服务平台，努力将大珠三角地区建设成为世界上最繁荣、最具活力的经济中心之一。

2008 年 10 月，广东省金融办和香港特别行政区政府财经事务及库务局共同举办了“粤港金融合作研讨会”，这是粤港政府部门间首次举行的专题研讨会，通过这次研讨会的举办，广东计划与香港成立“粤港金融合作专职小组”，加快发展广东金融后台服务建设，向中央申请给香港金融机构更多的“先行先试”措施。香港特区政府同样对粤港金融合作寄予期望，时任香港财经事务及库务局局长陈家强就表示，粤、港两地有很大的合作空间，现在两地讨论如何深化金融合作正是最合适的时机。香港特区政府支持广东提出的“深化粤港金融合作是优势互补、互动、互利的共赢合作”，在“三互”的前提下，如果中央部门如证监、保监和银监等同意，香港会支持合适的项目在广东“先行先试”，作为日后在内地全面实施的试验。美国金融风暴席卷全球，香港作为细小开放的经济体，不可避免地受到了波及。特区正密切监察最新情况，以便及时判断这次金融海啸对香港经济和主要产业造成的影响，进而研究应对方案。

在经济全球化以及亚洲合作的大背景下，港澳要进一步发挥辐射带动作用，实现新的繁荣和发展，必须扩大发展腹地；大珠三角要适应新一轮发展的需要，必须依托新的发展平台；毗邻东盟和大珠三角的省区要参与国际竞争，实现跨越式发展，必须寻求互利共赢的合作伙伴。尤其是广东与香港近年来形成了紧密的合作关系。粤港金融合作是水到渠成的自然合作，在全球出现金融危机和经济衰退的新形势下，深化粤港金融合作具有重要意义。广东省也正不断尝试利用粤港澳合作机制，形成一个以港、深、穗为轴心的金融走廊。

从世界金融业发展趋势来看，世界三大金融中心“纽伦港”中，纽约、伦敦都已经有了强大的金融后台服务基地。中国香港是世界著名的金融中心城市，在金融业发展方面确实具有独到的地方，拥有货币发行、金融机构监管的独立运作体系，但还缺乏一定的后台支撑，因此佛山要突出重围，努力凭借金融高新区成为香港的金融后台服务基地。佛山的金融并非孤立于佛山地区，而是应和广佛都市圈的形成与珠三角同城化的建设、与粤港澳合作的深化结合起来，从而推动金融业的发展。香港主要侧重于国际金融机构的法人总部、区域总部这类前台机构，南海则侧重于后台服务，是面向大华南经济区以至全国的金融后台服务基地，两者的定位是互为补充的关系。佛山采取与香港、广州等金融中心错位发展的路径，致力于建设成为金融后台服务聚集中心区，率先发挥并承担起提升粤港金融业发展水平的重要任务。

在金融后台服务领域，南海正在与香港建立合作，努力成为香港金融产业链条上的外包业务基地，计划代表广东在证券服务、外资银行、保险、期货方面与香港进行合作，为其提供后台数据的合作，主要包括金融服务外包，香港多家本地以及外资金融机构的后台数据、呼叫、培训、营运项目计划转移至金融高新区。此外，合作还包括促进外资银行在南海直接设立分行。同时，依托 CEPA5（《内地与香港关于建立更紧密经贸关系的安排》补充协议五）的决定，香港会计师事务所在内地临时执行审计业务时申请的《临时执行审计业务许可证》的有效期由两年延长至五年。金融高新区与香港注册会计师协会进一步合作，两地会计师可以异地从业，进而为两地金融人才交流提供便利。佛山被纳入港、澳、深、穗、佛金融合作区，无不说明省委、省政府对于金融高新区的重视和期望。

广东省大力发展金融产业，既是国家重要战略布局的需要，又是广东省和珠三角地区统筹协调发展的重要环节，更是夯实与加深粤港澳全方位合作的核心部分。由此可以看出，广东省金融发展是全省工作的重中之重，对于省内、区域乃至全国的发展具有举足轻重的作用，箭在弦上不得不发。

第 3 章　金融后台：为何是佛山

本章聚焦佛山，分别从佛山目前的金融产业发展状况、金融基础设施、南海区金融发展潜力、交通及区位优势等方面详细剖析了佛山承接广东省金融后台发展任务的科学性与优越性，证明了金融后台落户佛山是正确的抉择。

2007 年是佛山金融业发展迈入新阶段的重要转折点，这一年佛山正式确立了建立金融高新区的任务与目标，此后十年佛山金融领域的跨越式发展，便在这里拉开了帷幕。

2007 年 6 月 5 日，广东省金融工作会议召开，政府领导提出要建设金融高新区，到广东省政府正式批复同意将千灯湖金融商务区冠名为“广东金融高新技术服务区”并正式批准其设立在佛山市南海区，再到同年 7 月 31 日成功举办金融高新区授牌仪式暨高峰论坛，金融高新区的构想与启动仅仅用了不到两个月，这样高的效率再一次证明了政府对于建设金融高新区的坚定信心、对于筹建工作做好了充分准备以及对于大力发展金融业的伟大雄心。

2007 年金融高新区在佛山的落地，是广东省大力发展金融产业的一个重要起点。但这其实并非广东省首次着眼金融产业。事实上，广东省对金融产业的重点关注，早在十年前遭受金融危机重创就开始了。

1997 年的东南亚金融危机导致了广东国际信托投资公司破产等一系列金融风险事件，使广东省先后付出了上千亿元的沉重代价。中国人民银行广州分行的一份报告称，到 1998 年，广东金融风险日渐显露，共有 150 家城信社退出市场，4 家财务公司、29 家信托投资机构、843 家农金会实施停业整顿，在这样低迷的大环境下，广东省开始了持续数年的金融风险整顿。

而在这一阶段，又出现了新的问题：一些国际大金融机构也将后台服务体系迁往中国，引发中国城市展开新一轮金融产业的布局争夺战。进驻广东省内的外资金融机构无论是数量还是业务方面增长都较为缓慢，并且内资的金融机构开始逐渐从广东迁往上海，甚至将部分业务中心以及后台中心改设在上海，形成事实上的“第二总部”。面对这样的局面，广东省的金融大市广州和深圳开始打响保卫战，纷纷出台金融扶持政策，在争夺区域金融中心的定位问题上僵持不下，在区域经济发展中一度竞争多于合作，而在看到上海金融中心迅速崛起后，方才意识到合作双赢的重要性。2006 年，广东省“十一五”规划提出了“发展金融产业，建设金融强省”的概念，正式把金融作为一个产业来对待，并为了把广东从金融大省建设成金融强省，制定了金融业的“十一五”发展规划，将广州和深圳同指为区域金融中心，根据各自不同的功能定位错位发展。

正当广东省紧锣密鼓地谋划自身的战略布局时，佛山市南海区抢占先机，拿出了一份颇具前瞻性的金融发展规划，在得到国家开发银行 20 余亿元的资金支持后，南海区完成了千灯湖地块的前期设施工作，并计划在此设立金融商务区。有了这一规划，再加上南海区接壤广州、连接广佛的特殊地缘优势，在千灯湖区域设立广东省金融后台基地便顺理成章，于是在 2017 年 6 月 5 日的全省金融工作会议上，时任省委副书记、省长黄华华宣布在佛山南海千灯湖建设金融高新区，因此也就有了 7 月 2 日广东省政府正式行文将“千灯湖金融商务区”冠名为“广东金融高新技术服务区”的重大决定，这一伟大工程就此诞生。

将金融高新区设立在佛山南海，如此看来似乎是一件轻而易举、机缘巧合之事。然而探其背后的原因却会发现，选址南海，无论是从构建国家、珠三角以及佛山现代产业体系来看，还是从金融机构和企业战略发展来看，都是一项具有前瞻性和战略眼光的决定。

发展现代金融 佛山枕戈待旦信心满满

佛山市地处珠江三角洲腹地，东倚广州，南邻港澳，地理位置优越，自古就是富饶的鱼米之乡，共有禅城、南海、顺德、高明、三水五个区，是广东省第三大城市。佛山也是一座历史悠久的文化名城，是中国古代四大名镇之一，是中国粤剧的发源地，更是著名的武术之乡、民间艺术之乡、陶瓷之乡、美食之乡。在经济领域，佛山也是榜上有名。历史上，佛山就是我国南方重要的商品集散中心，改革开放之后，佛山商贸业更是蓬勃发展，现如今已经形成遍布城乡、辐射国内外的商业流通网络。

作为我国近代民族工业的发祥地之一，佛山工商业发达，经济实力雄厚。2007 年，佛山入选并获得中国社科院全国城市综合竞争力排名第 9 位；2008 年位列《福布斯》“中国内地最佳商业城市”排行榜第 7 位；同年佛山成为华南地区唯一入选的中国最具幸福感的城市。2010 年，佛山全市生产总值达到 5651 亿元，增长了 14.3%，进入“5000 亿元俱乐部”，并且保持每年稳步增长，2016 年，全市生产总值已达到 8630 亿元，人均可支配收入达到 41941 元，比 2015 年增长了约 9%。佛山三大产业协调发展，其中以工业为主导，是一个制造业名城，“佛山制造”享誉海内外。经过改革开放后的发展，佛山拥有家用电器、机械装备、金属材料加工及制品、陶瓷建材、纺织服装、电子信息、食品饮料、塑料制品、精细化工及医药、家居用品制造等十大优势行业。持续快速的经济发展，不仅有助于提升佛山金融业的发展质量和发展水平，也为金融业的突破性提升打下了坚实的基础。同时，佛山雄厚的产业基础，发达的制造业水平，传统产业的转型升级，中小企业的发展、高新技术产业的成长以及经济由劳动密集型向资金、技术密集型的转变都对金融服务产生了强劲的需求。

佛山居民财力雄厚，藏富于民，以民营企业为主，工商注册企业近27万家，90%为第二产业，上市企业已经达到14家，逐步形成了资本市场的佛山板块，充裕的资金来源配合政府部门的有关政策，也为佛山金融业的发展提供了重要保证。

佛山市金融业在2000年后也取得了较快发展，不同领域的增长势态有目共睹。据佛山市金融局相关数据显示，在银行领域，佛山金融机构本外币存款余额于2007年末达到4885.78亿元，比2002年增长了87.8%；贷款余额达2820.79亿元，比2002年增长了66.5%；2002—2007年，存贷款平均增速超过10%，存贷规模位居全省第3位。从保险业来看，累计实现保费收入为79.16亿元，同比增长30.3%，位居全省地级市首位；保险密度为1365亿元，同比增长23%，保险深度为2.2%。在证券期货领域，证券公司累计交易额达到15581亿元，与2016年同期相比提高了5.78倍；期货公司累计交易额超过4800亿元，同比增长92.3%。2002—2007年，佛山市全市生产总值由1328.55亿元增加到3588.50亿元，年均增长18.01%，人均GDP接近8000美元。佛山的金融总量不断增长，各项指标在全省范围内都具有领先优势，无疑也为经济发展提供了强有力的资金支持。

与此同时，佛山的金融组织体系也在不断完善，金融机构数量不断增加，基本形成了银行、证券、期货、保险等各类机构并存的金融组织体系。数据显示，截至2007年末，全市共有银行类金融机构17家，营业网点1892个，其中政策性银行分行1家，国有商业银行分行4家，股份制商业银行分行6家，农村信用联社5家，邮政储蓄银行1家；保险公司 29 家，包括产险公司 15 家、寿险公司 14 家，其中外资、中外资保险企业 8 家；14 家证券公司设立证券营业部 34 个，期货公司及营业部 6 家，信用担保公司 47 家。金融从业人员超过 4 万人。

佛山市票据业务的持续增长，证券市场业务的发展迅速，金融资源的聚集和辐射能力的不断增强，都表明了佛山金融市场交易越发活跃。从存量来看，2007 年全市金融机构累计签发银行承兑汇票 1086. 37 亿元，同比增长 16. 59%，是 2002 年的 3. 9 倍；票据贴现余额与短期贷款余额之比由 2000 年的 1∶38 上升到 2007 年的 1∶34，票据融资对短期贷款的替代效应明显，有效地缓解了宏观调控下中小企业的融资难问题。与此同时，资本市场开始步入快速发展的新阶段。截至 2007 年 12 月末，全市在境内外上市公司为 15 家（顺德区 6 家、禅城区 5 家、南海区 4 家），比 2002 年增长 50%。累计募集资金近 200 亿元，另有精艺金属、国星光电等约 30 家企业正处于上市申报、辅导、改制阶段，后备资源较足。

金融资产的质量也有了很大提升，银行业从 2004 年开始就已经实现了高增长、高利润、低不良贷款率的“双高一低”良性发展。2005—2007 年，佛山市的银行业账面利润由 29. 72 亿元增长到 66. 43 亿元，年平均增速高达 30. 75%，比广州还要高出 8 个百分点。其中，兴业银行并购佛山市商业银行后两年实现利润 17537 万元，同比增长 673%；招商银行佛山分行入驻当年，就实现利润 5000 多万元。全市各保险公司、证券网点、期货公司全部实现赢利。2003—2007 年，担保机构五年来累计为 3495 家中小企业提供约 127 亿元融资担保，累计代偿 2231 万元，占比 0. 18%。

2006 年 6 月佛山市全面启动“金融生态示范市”建设工程以来，佛山市通过建立健全金融风险应急处置机制，使得金融生态环境建设得到持续优化。社会征信体系建设已经初见成效，截至 2007 年 12 月，全市已有 4 家信用评级机构，与银行发生借贷关系的企业信息已全部纳入企业征信系统，22242 家中小企业的信息也已纳入企业征信系统；个人征信系统已录入信贷账户数近 116.1 万个，涉及信贷金额约 477.8 亿元。佛山先后推出两批 220 余家“守银行信用企业”，形成对守信行为正向激励的“红名单”制度。此外，通过与法院联动，公开曝光两批 28 家失信企业或个人的名单，形成对失信行为的惩戒机制，社会反响良好。2006 年，佛山市制定了《佛山市金融突发事件应急预案》，依此处理了多起金融突发事件，有助于对金融突发事件的处置进入规范化和制度化的轨道，并有效维护了金融系统的稳定和有关各方的共同利益。

通过近几年的发展，佛山金融业增长快速，势头良好，资金聚集的“洼地效应”已经开始显现，并有效地推动了佛山产业结构优化和转型升级。

然而在发展过程中，依然存在着不足之处。相比之下，佛山金融业的发展仍然处于滞后水平。根据数据显示，2002—2006 年佛山金融业增加值的平均增长速度约为 14.2%，与同期 GDP 平均增速相比低将近 4 个百分点，占 GDP 和第三产业的比重分别为 2.2% 和 6.38%，分别比全国平均水平低 1.2 个和 1.64 个百分点，而且与深圳、上海、宁波、无锡等城市相比，佛山金融业增加值占 GDP 和第三产业的比重都相对较低，差距明显。此外，佛山市金融高新区位熵仅为 0.71，而广州、深圳、东莞、温州、苏州的区位熵已分别高达 1.30、2.11、0.80、1.18、1.48。

在金融业的组织结构方面，地方商业银行、股份制商业银行等中小金融机构实力较弱，且份额较小，外资银行机构尚未进驻佛山。产品业务也主要以传统金融业为主，证券、基金、结算以及其他一系列由此派生的各种现代金融业务也均发展不足。信贷结构上，“短存长贷”问题、信贷资金期限结构错配比较突出，数据显示，截至 2007 年 12 月，全市人民币中长期贷款余额 1192.68 亿元，比年初增长 20.32%，而全市人民币储蓄存款余额为 2768.81 亿元，仅比年初上升 3.82%。在金融市场结构上，主要表现为间接融资与直接融资比例失调，金融市场发展极不均衡。2007 年，佛山市金融机构新增贷款 400.97 亿元，同期市内上市公司累计从资本市场筹集资金 4.21 亿元，新增部分间接融资与直接融资的比重高达 98.9∶1.1。同时，佛山市保险深度只有 2.2%，低于全国 0.71 个百分点，保险市场的发展潜力也未得到充分挖掘。

此外，在资本市场利用方面，佛山上市公司数量偏少、经济的证券化程度偏低、上市公司所属区域和行业也分布不平衡，创业投资市场与产权交易市场尚处于萌芽阶段，还不能满足创新型中小企业的资金需求。目前佛山仅有上市企业 15 家，而经济实力与佛山相当的江苏无锡和南京市，就分别有上市公司 45 家和 32 家，绍兴市杨汛桥镇有境内外上市公司 10 余家。同时，部分上市公司 IPO 后没有再融资，未能很好地利用资本市场平台。截至 2007 年末，佛山市上市公司市值总计 2200 多亿元，占 GDP 的 60%；而深圳、珠海的证券化程度分别为 81%、110%，全国的证券化程度也已超过 100%。从区域分布来看，佛山上市公司主要集中在禅城、顺德、南海等区，而分别位列全国百强县第 21 位和第 36 位的三水、高明区至今都没有上市公司。从行业分布来看，佛山部分优势产业如小家电、不锈钢、家具等没有上市公司，已上市公司对行业的整合能力不强，龙头带动作用还未充分发挥。总体来看，无论是上市公司的数量还是融资水平，都与佛山的经济规模和综合实力极不相称。

2002 年，佛山有本地金融机构 10 家，其中包括 5 家农信社、1 家城市商业银行、1 家证券公司、1 家财务公司和 2 家信托公司。后来，佛山证券被首创集团收购，更名为“第一创业证券”。2004 年，佛山市城市商业银行被兴业银行收购，兴业银行佛山分行成立。2002—2006

年，佛山市国际信托投资公司、南海国际信托投资公司停业整顿。2006年广东万家乐集团财务有限公司将股权转让给广东省粤电集团有限公司，并于2006年12月从佛山市退出。5家农信社虽为佛山本地法人机构，但接受广东省信用联社统一管理。其余的银行、证券、保险等金融机构又多为入驻佛山的分支机构或办事处。由此可见，佛山仍缺乏真正意义上的地方金融机构，缺乏本地的金融机构品牌，无法为当地经济的快速发展提供强有力的支撑与保证。

从金融业发展的现状来看，佛山仍存在较明显的短板，略显弱势的第三产业结构也说明了佛山未来在金融领域依旧有较大的上升空间。

从佛山经济发展的角度来看，发展金融产业更是带动佛山经济增长的引擎。日本、中国香港、中国台湾等地区第三产业都达到80%以上，一个区域进入后工业化时代后，第三产业的比重往往会超过第一产业和第二产业的总量。反观佛山，作为一个制造业强市，其在陶瓷、纺织、有色金属、家电等传统产业上具有较强的优势，但第三产业仍然只占34.4%，未来至少还有10%～15%的发展空间，城市总体还处在工业化中期或者由工业化中期向后期转化的过程中，而第三产业的发展，更重要的领域就是居于工业和服务业之间的金融业。金融业是现代经济的核心和现代服务的龙头产业，占据了资源配置的核心位置，对经济和社会发展具有较大的带动作用。金融业的发展一方面为制造业服务，借助资本市场的工具和力量，重点推动金融业务创新，围绕中小企业融资；另一方面，金融业附加值高、能耗低、解决就业能力强，是城市发展、环境再造的重要一环。

同样，南海也处于产业结构从制造业向服务业转型的结点。

佛山市南海区与广州接壤，毗邻香港和澳门，是经济与社会和谐发展的先进城市，先后获得了多个国家级和省级的称号，如“国家信息化示范城市”“国家卫生城市”“中国优秀旅游城市”“全国文化先进县”

“全国区域技术创新示范城市”“广东省教育强区”。

改革开放以来，南海率先实行改革开放，发展市场经济，努力探索与国际市场接轨，也由此创造出综合实力名列全国前茅的丰硕成果，并与顺德、中山、番禺并称为广东经济发展的“四小虎”。然而佛山南海发改局的数据显示，2007 年，南海第三产业生产总值为 424.94 亿元，占全区的 34.5%，相比第二产业 63.6% 的占比仍处于明显弱势。更值得注意的是，近年来南海第三产业的总占比连续三年处于下降的趋势，2007 年比 2006 年下降 1.9%。改革开放四十多年里，南海以制造业闻名，但制造业在南海的发展已接近制高点，而影响制造业提升的因素有三个——创新型人才、资本市场的配合以及运输物流业的发展。因此，南海在下一轮竞争中若想再上一个台阶，就需要突破这些瓶颈限制，而发展金融服务业就是一个较好的突破口。出于产业和地方人才结构优化的考虑，南海未来会把更多的资源投入第三产业，大力发展金融业，这能使城市和地方人口素质得到整体提升。在南海区政府的系列调研后，2007 年，南海区委区政府作出了“从以制造业为主，转到第二、三产业并重”的战略决策，推动“工业南海”向“城市南海”转型。

将金融高新区设立在佛山南海，也有利于广东金融业的下一步发展。金融既包含主营业务，也需要高新技术的备份中心。国际金融发展的主体和金融寡头之于上海、深圳和广州以及备份中心之于佛山，正如美国金融业的核心区之于纽约以及高新技术备份区之于新泽西州。随着中国金融业的发展与国际接轨越来越紧密，对于国际金融寡头的引入也势必要求建设一个与之相匹配的金融高新技术备份中心，而这个备份中心只能在异地而不能在本地。“9·11”事件爆发之后，纽约的金融业之所以能够及时有效地恢复运转，得益于前台与后台的异地布局，备份中心的异地布局对大区域金融的稳定有序发展和风险防范起到了至关重要的作用。因此，广东省对于金融发展的布局是科学、合理、严谨的。

此外，整个佛山地区历史上从没有发生过2级以上的地震，能充分满足数据处理中心等金融后台机构的高安全性的要求。

研究显示，在所有行业中，金融业的外包规模仅排在制造业之后，位居第2。金融外包的范围覆盖了银行、保险、证券、投资等各类金融机构。随着金融服务业的外包趋势不断加强，全球最大的15家金融服务企业将扩大信息技术项目的外包业务，预计金额也从2004年的16亿美元上升到2008年的38.9亿美元，平均年增长率为34%。金融服务外包市场潜力十分巨大，能为承接城市带来上百万个金融信息服务行业的高薪职位，创造增量的优质GDP，对发展地方新的经济增长点具有不可低估的经济与社会效益。金融高新区的建设，成为广东建设金融强省的关键战略举措和重要抓手，也是佛山大力发展金融业的重要任务和使命。

从交通和区位来看，佛山具有非常明显的优势。佛山距离广州天河北仅35分钟车程，距广州新白云机场40分钟左右车程，距广州火车站25分钟车程，距广州环城高速仅5分钟车程，与广州的无缝对接、毗邻港澳的优越地理位置使得佛山能够充分发挥区位优势。广佛地铁在2010年建成通车，地铁发车密度为5分钟/趟，可与广州地铁网的1、3、8号线相连，届时可在40分钟内到达广州主要地段。广佛轨道交通在金融高新区范围内设有两个站点，分别是南海汽车站和海五路站。地铁站距离金融高新区的核心位置约为800米。2010年后，广深港高速铁路逐步通车，工程全面完成后，香港到金融高新区仅需70分钟。广佛轨道交通可以在广州新火车站与2014年建成的广深港高速铁路接驳，届时到香港仅需60分钟；同时，广深港高速铁路也与兴建中的京广客运专线等国家高速铁路网接驳，届时到武汉、上海、北京分别只需4小时、8小时和10小时。广佛地铁、轻轨、公路以及所形成的广佛经济圈使得佛山能更直接地受到核心城市群的辐射和带动，使南海在建筑成本、办公物业及人力资源成本方面相比广州具有明显的优势，在南海设立金融后台机构，既可享受与广州同城生活的便利，又可有效降低运营成本。南海能够与香港、广州和深圳共享交通网络、金融资本、人才、信息等资源，实现产业联动和资源互补，加快区域经济一体化和城市化进程，从而进一步带动金融业的跨越式发展。

另外，佛山还是全国信息化管理先进城市，而南海也是全国城市管理信息化政务建设的模范地区，凭借这样的优势，金融产业发展所形成的机会成本将会远低于分散的单个的备份中心、研发中心、信息中心以及金融分析分析中心，从而为投资者创造一个多赢的格局。此外，作为数据备份中心的重要基础，南海国际互联网出口总带宽达 70Gbps，光纤节点 4300 多个，南海数据容灾备份中心 I 期工程数据存储容量为 10Tbytes，而南海的人力资源成本比广州低 25% ~30% 。

因此，佛山明确了自身在金融发展领域的定位与目标，即通过承接世界金融产业的转移，主动接受港澳及广深的金融辐射，发挥产业优势和区位优势，大力发展金融后台业务和金融外包业务，逐步成为粤港澳金融合作的金融创新试点基地和重要的后台业务基地，成为国内经济金融协调发展、金融服务能力强的先进地区。同时建立较强的核心竞争力和良好的可持续发展能力、比较完备的金融体系、规范的金融机构运作、较为活跃的金融市场和优良的信用环境，形成金融服务产业转型升级和建设现代产业体系的长效机制，努力成为国内乃至亚太地区金融后台服务和外包业务的聚集地，并以此带动其他金融业务的发展和各类金融机构的进入，使佛山建设成为金融强省、港澳深穗佛金融合作圈中资源共享、优势互补的战略支撑点。

佛山发展金融后台的优势与前提条件再次证明，金融后台在佛山可以得到前所未有的突破发展，而佛山也能够依靠其金融后台的发展完成自身的进一步升级与转型。

Part II

金融后台基地（2007—2010年）

第 4 章　千里之行，始于足下

本部分将详细介绍金融高新区早期作为“金融后台基地”的定位规划及其发展状况。本章着重介绍了金融高新区成立初期对自己的目标定位以及发展规划，即将自己打造成为“高、新”金融后台服务业聚集平台，通过提供优质的配套设施和人才服务聚集高端金融后台产业和优秀产业人才，为区域产业转型升级提供助力。

辐射亚太：打造高端金融后台服务基地

“金融高新区”是区域金融发展中的新概念，是金融后台服务产业集聚园区的另一种表述，也是广东大力发展金融产业的一项创举。金融高新区可以概括为“三个基地、四个中心”：“三个基地”体现在功能定位的物理概念上，即指金融机构后台服务部门集聚基地、金融后台服务外包企业集聚基地以及金融后台服务人才集聚基地；“四个中心”体现在功能概念上，即指金融新产品研发中心、金融后台服务新技术开发中心、金融信息资料备份处理中心、金融高级人才培训中心。

设立金融高新区，一方面是作为广东金融业后台服务基地，吸引金融机构后台落户，如数据处理中心、呼叫中心、灾备中心、培训中心、金融创新研发中心等，为中央和全国性驻粤金融企业改革创新、做大做强提供优质的服务；另一方面，金融高新区也是佛山的金融商务区，主要吸引各大金融机构设立区域性总部、资金清算结算中心、保险融资中心等，以便促进佛山金融业的集聚化、集约化和集群化发展。金融后台业务和核心业务相对分离，在国际上已经成为金融机构提高核心竞争力的通行做法，设立专业化的金融后台服务中心，可以增强金融机构的产品创新和技术创新能力，更有利于获得外包服务等高端服务业的发展先机。最终的目的就是要将金融高新区建设成为支持、服务广东省乃至支持、服务泛珠三角地区经济金融发展的金融后台产业、金融辅助产业的重要基地。

根据金融高新区的规划，目标是三到五年内，通过各种扶持以及优惠政策，使中央和全国性驻粤金融机构、地方金融机构以及境外金融机构的后台业务部门在金融服务区内高度聚集，成为重要的金融创新产品发源地。到 2015 年，设立后台服务基地的金融机构应达到约 80 家，金融外包服务企业超过 100 家，从业人员超过 10 万人。

金融高新区着眼于“高新”，“高”是指高科技、高标准，“新”是指产品创新和技术创新。最近几十年，信息技术和电子技术的迅速发展深刻地改变着金融产业结构和运行机制。在金融高度电子化和信息化发展的今天，高新技术在金融产业发展中的地位与作用举足轻重，已成为金融改革和创新的关键支持，决定着金融产业的发展水平。金融高新区建设数据处理中心、客户服务中心、金融信息和灾害备份中心等，正是契合金融信息化、电子化的高科技发展趋势，正是最广泛地运用信息技术和电子技术来加快金融产业又好又快地发展。创新是金融产业不断发展永恒的主题。金融高新区不是“金融工业园”，不能停留在仅仅引进一些金融机构的层面，必须采取激励措施促进这些机构开展创新活动，要创新金融高新技术服务市场管理体制和市场运行机制，要创新共同服务平台建设与运作机制，要创新知识产权开发与保护新机制，把该区建设成为国内最好的金融创新中心之一。

金融高新区作为现代服务业重点工程，对促进现代服务业发展，加快构建现代产业体系有着重要意义。一方面可以推动广东省金融创新，加快广东省金融产业发展。创新是金融发展的灵魂和动力，金融高新区就是金融创新的平台，包括金融产品、服务和技术创新，范围广泛。金融企业的产品研发大多数可在这里进行，金融服务外包业务的发展又能极大地提高金融信息化水平和金融服务效率，进而推动广东省金融创新，加快全省金融产业发展。另一方面是积极主动参与新一轮金融产业发展竞争，争取更大金融市场份额的具体行动。此外，还可以推动珠三角金融产业协调发展，形成发展金融产业的合力。在珠三角地区，广州、深圳重点发展金融前台业务，佛山重点建设金融高新区发展金融后台服务业务，就能最大地利用广州、深圳的金融资源，发挥其机构、人才的优势，发挥佛山的土地和劳动力成本优势，实现优势互补、错位发展。从包括粤港澳在内的大珠三角范围来看，金融高新区又可以承接香港国际金融中心后台业务的转移，是深化粤港金融合作的一个良好平台。此外，金融高新区对广东省乃至中国产业的优化的升级也具有明显的示范带动作用。

高屋建瓴：将园区建设写入规划之中

金融高新区的建设离不开基础设施、配套环境和企业服务等方面的建设和规划。在 2008 年 8 月 12 日南海区第十四届人大常委会召开的第十三次会议上，南海区政府讨论并通过了《广东金融高新技术服务区控制性详细规划》。自此，规划的合法地位得到了确立，确保金融高新区的建设管理有法可依和有序进行。南海区规划分局根据金融高新区的发展需要，邀请佛山市城市规划勘测设计研究院在原有规划成果的基础上组织编制了此次控制性详细规划，还邀请了香港卢纬纶建筑规划有限公司和美国易道（上海）咨询有限公司分别作为 A 区和 B 区的设计顾问单位。《广东金融高新技术服务区控制性详细规划》是根据《中华人民共和国城乡规划法》和《广东省城市控制性详细规划管理条例》等有关规定，针对金融业机构集聚布局的特点做出的深化成果，包括土地划分、路网建设、交通组织、开发强度、景观环境、市政管线等方面内容。根据该规划，服务区内的土地主要作为办公用地，建设金融、办公、教育等服务性项目，杜绝产权性酒店、商用住宅等非办公项目的建设。在该规划编制之前，相关部门就已编制了《金融高新区一期重点规划区城市设计》《金融高新区二期城市设计》等规划文件。相关部门已经出台了金融高新区 A 区和 B 区的《城市设计方案》和《交通设计方案》，白领公寓、电力、电信、南海大道商圈改造等规划及广佛地铁到金融高新区的地下隧道连通工程等各项方案正在或将着手实施。同时，《广东金融高新技术服务区发展规划》已由广东省金融服务办公室和佛山市人民政府联合颁布，佛山市政府及南海区政府也分别出台了《关于加快推进广东金融高新技术服务区建设的意见》及《关于加快推进广东金融高新技术服务区建设的扶持办法》等重要文件，这一系列规划和文件为金融高新区发展建设提供科学指导和有力保障。

建设之初，佛山南海区相关领导就指出要全力支持和配合金融高新区的建设，将占地面积 4.5 平方千米、价值超过 500 亿元的土地用于建设金融高新区，而不是用于房地产开发。虽然房地产业能带来更加丰厚的收益，但这只是短期利益，而发展金融业则是着眼于长远发展，是提升南海、佛山乃至广东省金融产业的重要举措，才能更好地带动佛山经济持久、健康、稳定发展。

金融高新区秉持着高质量的服务意识，对每个企业都实行一对一的服务，保持热情、谦虚的态度，以让客户满意为宗旨。为了创造更好的投资创业环境，园区是由国外和香港的设计公司规划设计，让企业能在优美的环境中提高工作效率。同时，南海区政府也在不断完善金融高新区及周边地区公共配套设施建设，启动高新区信息化基础设施、交通网络、甲级写字楼、配套公寓建设项目。金融高新区周边也有完善的酒店、居住、购物等配套设施。

为了吸引更多的高级人才，解决驻区金融机构企业员工的居住问题，金融高新区计划以政府名义兴建高档白领公寓，设立于广佛地铁口附近，以创造适合白领阶层居住的生活小区为目的，以“时尚、优雅、现代”为核心规划理念，占地面积约 58 亩，总计大约 2094 套公寓，最多可以容纳 4000 人。

在金融高新区的建设上，南海区政府并不局限于招项目，而是花了大量人力和时间精心地规划金融高新区。结合了广佛地铁位置以及借鉴了其他地方金融高新区的建设经验，设计团队把金融高新区设计成一个密度相对小，更开阔、绿化好、与人和谐的金融高新区，为未来整个发展打下了基础。

对于率先入驻的金融企业，南海区还计划拨款 3000 万元予以扶持，通过资金、技术、环境、生活等全方位的服务，使园区企业满意。南海还在不断改进自己的服务，努力搭建更加合理的管理梯队，在前期招商引资、中期建设和后期管理上都要为进驻企业提供贴身服务，重点投资、消费、工作和生活四个方面的工作。通过对南海整个社会环境的全面建设，提升南海环境的软实力。

依据《广东金融高新技术服务区控制性详细规划》的要求，金融高新区开发上采取有序推进的方式。在初始阶段进驻的金融机构主要集中在金融 A 区，并计划投入 30 亿元用于金融高新区 B 区的开发建设。

长袖善舞：吸纳人才的组合拳

招财引智，吸纳人才，是金融高新区发展的核心任务。金融高新区的人才引进工作被纳入全省“十百千万工程”，并实施由暨南大学金融研究所所长刘少波教授编写的《广东金融高新技术服务区人才保障规划》，以确保两年后金融高新区对人才的大规模需求，并且继续制定完善的金融高端人才发展战略。南海区在金融人才保障方面采取国际化和本土化相结合的策略，通过本土化为金融机构提供大量的中、低层次的技术型人才，而通过国际化引进企业需要的高级管理人才。

早在2007年的授牌仪式上，中山大学、华南理工大学和暨南大学分别与佛山市政府签订面向金融高新区的战略合作协议，佛山科学技术学院和珠三角联合人才网也分别与南海区政府签订面向金融高新区的战略合作协议。此外，还联合广东金融学院在南海设立分校区，合作培养金融高新区急需的中高级人才。通过与重点院校开展产学研合作，政府与学校共同制订中长期的人才培养计划，联合培养金融专业人才。同时，南海区政府还计划与香港注册财务策划师协会等著名金融专业培训机构合作，强化金融人才培训力度，构建多层次、多形式的培训体系，建立完善的金融人才保障机制。

除学校和研究机构之外，南海也与专业的人力培训机构展开人才培训方面的合作。与国内大型人力资源外包服务公司易才博普奥的合作就是其中之一。易才博普奥是人力资源外包服务公司易才集团的全资子公司，致力于人力资源的呼叫外包服务，为其他机构提供呼叫中心整体解决方案服务。其中，公司提供的呼叫人力资源服务外包能够为金融高新区企业的呼叫业务提供订单式、定向委培、派遣等人才招聘、实训服务，而呼叫业务服务外包业务直接承担金融高新区企业的呼叫业务。由该公司为金融高新区的企业提供呼叫技术人员的培训，为金融企业直接提供合格的技术呼叫人员，能够节省金融企业培训员工的成本。广东理工职业学院与易才博普奥建立了合作关系，双方整合各自的技术和生源优势联合开办“呼叫中心”的培训课程，为金融企业培养信用卡信息录入员、银行账单检验员和客户呼叫服务员等人才。通过这门课程，学校可以将员工培训时间由一般公司自己培训的 6 个月缩短到 3 个月，企业用工成本可因此降低一半。此外，广东理工职业学院还计划与广东金融学院合作，在南海设立分校区，为金融企业培养技术型本科人才。

而在高端金融人才方面，南海采取从国际上引进的策略，并在这方面提供了优厚的政策支持。金融高新区金融机构需要引进外国专家或建立博士后科研站，在立项申请、经费资助等方面提供支持，并在金融机构高级管理人员办理调入和家属随迁手续、人才居住证等方面提供便利。而聘用一年以上的金融机构高级管理人员，在南海区内购买商品房、汽车，按税额 50% 的标准获得补贴，两者累计金额最高可达 10 万元。此外，还通过 CEPA 机制吸引更多的香港金融专才，并且为高层次人才以及金融企业聘用的专业人员提供优质高效的服务，给予他们工资外的津贴，以及个人所得税地方留成部分补贴，提供子女入学等优惠，使金融高新区逐步形成人才洼地，成为“金融硅谷”。

南海区提出的金融高新区的中低层次后台服务人才本土化、高端人才国际化战略具有前瞻性，其中的后台服务人才本土化战略既解决了本地人口的就业问题，又解决了驻区企业的用人问题，而高端人才主要以引进为主，这种思维符合金融人才需求金字塔型的结构标准。目前南海正在为金融高新区开拓各种人才培养渠道，通过人才引进、留用、提升等平台，预计每年可为金融企业提供各类人才两万名左右。

目标明确才能准确地找到前进的方向。金融高新区在前期定位中就为自己明确了建设高水准金融后台基地的目标，让自己能集中有效资源实现高效发展，避免了盲目招商和无序发展。同时将这一目标落实到政府发展规划中，也为其之后的发展提供了有力支持。

第 5 章　良好的开端是成功的一半

本章详细介绍了金融高新区为实现其“金融后台基地”的目标所做出的具体努力。目标明确之后，如何实现目标就成为金融高新区下一步工作的重点。吸引什么样的金融后台产业以及如何吸引这些产业，是金融高新区所面临的两大问题，对此本章将进行具体阐述。

落子何处：招商引智是重点

在金融高新区成立之初，各级领导就已经对金融高新区的发展进行了非常清晰的规划。在 2007 年由广东省金融办和佛山市政府在南海区共同举办的“广东金融高新技术服务区”授牌仪式暨高峰论坛上，有关领导从宏观战略角度对建设金融高新区提出指导意见，强调创新机制体制，树立规模、速度与效益相协调的发展观念，并且重申金融高新区不是“金融工业园”，不能停留在仅仅引进一些金融机构的层面，未来的发展应紧密围绕“金融高新技术”这一核心内涵，进行市场功能定位。同时还将招商工作列为金融高新区起步发展的“重头戏”，既要优化招商机制，又要创新招商手段，同时也应当重视招才引智，使金融高新区逐步形成人才洼地，成为“金融硅谷”。

在当时的规划中，金融高新区的发展分为四个阶段，首要基础是建立信息技术的备份中心，其次是建立与之相连的信息分析中心，再次是发展金融业的研发中心，最终形成金融业的创新中心。其中，前三个功能都是为金融主业的中心功能发挥作用，而最后一个功能则是推动金融业产业系统形成一个涵盖了银行、信托、证券、基金、保险、期货等的产业集群。金融高新区目前的内涵式功能定位，如数据处理中心、服务外包中心、呼叫中心、灾备中心、培训中心、产品创新研发中心等，仍是一个动态的定位，随着项目的推进会进行调整和修正。有建议指出了目前中国金融市场的不完整性。完整的金融市场应该包含四大要素：现货、期货、利率和汇率，但是相对而言中国目前放给市场的还只有现货，包含股票和债券两大品种，延伸到其他品种的业务还微乎其微。当时，中国金融业才发展了十多年，现货、期货、利率、汇率在逐步走向市场化国际化的进程中，还具有很大的发展空间。广东尤其是珠三角，毗邻港澳，可以学习和借鉴香港金融业的发展，在国家金融业的发展提升中有所作为。

面对金融高新区的运作问题，时任相关领导提出了“政府引领、企业参与、市场运作”的主导思想。在初期实施阶段，在坚持以市场为导向的同时，政府应发挥积极作用。其中制度设计和制度安排尤为重要。良好的机制可以为进驻的金融企业降低运营成本，提高运营效率，并使金融高新区逐步实现规模化发展，实现集群效应。到了后期，政府应逐步减少干预，以市场化手段推动金融高新区的健康发展。政府在做好规划和基础设施建设的基础上，采取多种形式招商引“智”，争取一批国际大型金融企业和国内大型金融企业的后台服务机构落户，从而带动其总部或分支机构落户广东。

在起步阶段，招商成为金融高新区发展的“重头戏”，除了要制定招商宣传的总体思路，打造品牌效应，还要优化招商机制，创新招商手段。金融高新区初成立时，国内一些金融大城市的金融备份地大多是分散的、市场化的。广东率先在全国探索“集中设置”，以便于金融备份中心的衍生和关联发展，并且通过与金融研发中心、信息分析中心、创新中心、主营业务的结合延伸到产业集群，更加有利于吸引金融企业落户。按照2007年的发展规划，到2015年，金融高新区内将要有超过80家设立后台服务部门的金融机构，金融保外服务企业将要超过100家，金融后台服务从业人员要超过10万人。政府也在积极发挥政策的引导性作用，相继出台了金融高新区的可行性研究报告、发展规划书、城市设计方案等，佛山市政府也拟订了加快推进建设意见，南海区政府出台了相关扶持办法，努力扩大在全省乃至全国的金融后台市场份额。例如，设立金融高新区建设专项资金，区财政连续五年每年安排不少于3000万元。最高奖励为对新设立或新迁入的金融机构总部、注册资本在10亿元以上的奖励2000万元；对新设立或新迁入地、注册资本10亿元以上的金融机构后台业务总部奖励1000万元。

金融高新区建设初期，招商工作无疑是重头戏，而招什么样的商、选择什么样的企业进驻则是重中之重。根据金融高新区要打造“金融硅谷”和辐射亚太的“金融后台基地”的发展定位，金融高新区选择了先吸引各行业国内外龙头精英企业完善产业布局、再吸引同行业其他企业进驻丰富业态的招商策略。成立十年后再回顾金融高新区的招商之路，这一策略显得尤为清晰。从最初进驻的友邦AIA、中国人保集团PICC到IBM、中国银监会等企业和机构，无一不是各自行业的龙头企业或在本行业拥有举足轻重的地位，这些企业和机构后台基地的进驻也为金融高新区在这些行业内打开了市场、增加了行业认可度，让金融高新区在起步阶段就站在了一个非常高的平台上，也让后续的招商工作水到渠成，事半功倍。

破土动工：保险巨头相继落户

金融高新区的招商工作最初落在了当时处于快速发展阶段的保险行业，今天我们无法知晓当时招商过程的艰辛，也很难确认在招商时是否有一些偶然因素存在，但是，我们可以推断当时选择保险业作为招商工作的突破口有其内在的必然因素。

我国的保险行业起步较晚，1980 年国内保险业务才开始恢复，当时全国保费收入仅 4. 6 亿元，到了 2000 年，全国保费收入达 1596 亿元，年均增长 34%。但从世界保险业现状看，我国保险业发展水平还相当低。1999 年，我国人均保费（保险密度）才 110. 58 元（约合 11. 4 美元），与瑞士的 4654. 3 美元、美国的 2722. 7 美元和中国香港的 1072. 8 美元相比相去甚远，位居世界第 78 位；保费收入占 GDP 的比重（保险深度）仅 1. 49%，位居世界第 66 位，而发达国家一般为 10% 左右。尽管发展过程中伴随着各种问题，但是保险行业的巨大发展空间仍是不容置疑的，而且广东省在保险行业的发展中一直走在前列。

广东占有全国保险业最大的市场份额，2007 年其保险业业务总量达 800 亿元，截至 2008 年 11 月底，广东省保费收入达到 1049 亿元，同比增长 43%。这一成绩标志着广东成为全国首个保费突破千亿的省份，较第 2 名的江苏省超出 300 亿元。2016 年，广东省实现保费收入 3820. 5 亿元，占全国总量的 12%，规模连续十三年居全国第一，这一事实也展示了广东保险业的巨大发展前景。

同时，保险行业的行业特点也让其前后台业务的分离势在必行，将保险业庞大的后台服务业务如数据中心、呼叫中心、培训中心等业务从前台服务中剥离出来不仅能大大降低运营成本，也能让业务开展得更加高效便捷。故而金融高新区的招商工作一开始便聚焦在蓬勃发展的保险行业，先后引进了友邦 AIA、中国人保集团 PICC 等国内外保险行业巨头，为金融高新区今后的招商工作奠定了良好的基础。

2007 年 11 月 13 日，金融高新区刚刚挂牌成立不到 4 个月，就迎来了第一位贵客——世界级外资金融巨头、美国友邦保险有限公司（AIA）。友邦保险与南海区政府签订了谅解备忘录，并计划在金融高新区首期投资7000万~8000万美元兴建全新的商务区，未来将把其在广东地区现有的大部分后台部门及其他辅助服务部门整合到金融高新区，其中也包括电话营商中心和培训中心。进驻之后，友邦保险在项目申报上又得到了南海相关部门的大力帮助，建设项目的各项前期工作快速、有效地完成，预计项目动工时间比原计划提前了一年。在南海这种创造性服务的氛围下，目前友邦保险已经决定把旗下广东地区现有的大部分后台部门及其他辅助服务部门包括电话营商中心和培训部门，都整合到金融高新区。

与此同时，友邦保险还与南海区政府签署“南海居民补充养老保险项目合作意向书”，并在金融高新区顺利奠基。南海居民补充养老保险项目合作意向书的签署，将进一步丰富南海居民的社会保障体系，对广东金融创新服务发展具有重要的示范意义。对于友邦保险的进驻，广东保监局局长黄洪说道：“AIA决定把后台服务中心建设在金融高新区是明智抉择，此次奠基仪式不仅有利于提升AIA在广东的技术水平，还有利于促进广东保险业保险技术水平进一步提升。”友邦保险与南海合作开展南海居民补充养老保险项目，有利于其进一步开拓广东民生保险业务，也有利于提升其在广东的品牌形象，为整个保险业进一步拓展以民生为主特别是农村“三农”的保险业务提供了有益尝试。

2008年11月，友邦AIA在高新区顺利奠基，计划在南海兴建金融高新区内顶级商务大厦，该项目分两期建设，首期计划建1栋或2栋25层办公楼、多用途会议厅及培训中心等，占地35000平方米，投资额7000万~8000万美元，预计在2012年初完成建设。首期工程落成后，友邦AIA计划将其在广东地区现有的大部分后台中心及其他辅助服务部门包括电话营商中心和培训部门，整合到新的商务大厦。

美国友邦保险有限公司是东南亚最大的人寿保险公司之一，其分公司、附属公司及联营公司遍布中国、澳大利亚、日本、韩国、泰国等。

友邦保险是世界保险和金融服务的领导者，业务遍及全球 130 多个国家和地区，是全球数一数二的国际性保险服务机构。集团在全球各地的退休金管理服务、金融服务及资产管理业务也位居世界前列。1995 年，友邦保险成为第一家进入广州保险市场开展业务的外资保险公司。2018 年，友邦保险在广东省拥有近 150 万名客户，截至 2007 年 10 月，友邦保险广东分公司已经在珠三角地区设立共 40 个营销服务部，粤西地区的茂名、湛江营销服务部正在筹备中。2006 年，广东友邦全年累计实现总保费收入 23.3 亿元，新单保费 9.8 亿元，稳居广东市场外资保险公司之首。

友邦保险的率先进驻对于金融高新区来说具有十分重大的意义，标志着金融高新区的建设进入了新阶段，证明了金融高新区已完全具备引入国际一流金融机构设立后台服务基地的条件和能力，增强了佛山对金融高新区打造成国内一流、国际知名的金融“硅谷”的信心，拉开了金融机构进驻金融高新区的大幕。不仅可提高友邦（AIA）自身的产品研发能力、市场竞争能力，帮助其获得优先支持，拥有更广阔的空间，也能提升广东、佛山的金融业产业化、现代化水平，以更快的步伐推动金融业的发展。有种比喻很形象，“如果把广东金融市场比作一家餐厅，那么金融高新区的精英们就是餐厅里最好的厨师，是国内一流的、国际一流的甚至是世界一流的”。友邦的成功进驻标志着广东金融后台进入了职业化、国际化道路。南海区相关领导则从南海的区域角度阐述了该项目的深远意义：“世界 500 强大公司在那么短的时间内就决定落户金融高新区，说明了金融高新区在全省金融业布局中举足轻重的地位。二十年前友邦投资上海，之后没进行大的投资，而二十年后的今天，他们选择了投资南海。这对南海的发展战略产生深远影响。而在广佛同城、在珠三角乃至整个广东格局中，南海找到了自己的位置。这个项目进驻金融高新区，使得金融产业迅速成为南海第三产业、新兴产业的龙头，实现金融产业的进一步聚集。在广佛同城化、粤港一体化，金融业加速改革创新发展的大背景下，建设好金融高新区对佛山、南海的城市建设、区域发展和现有产业带动都是一次非常难得的重大机遇，也是促进地区经济社会发展的最重大战略之一。”

继友邦进驻之后，本土保险业的一大巨头中国人民保险集团（PICC）也落户金融高新区。2008 年 6 月，中国人保集团竞得金融高新区内一宗大型物业和一块空白用地的使用权，用于建设 PICC 南方信息中心，并于 10 月正式动工建设。占地面积 134 亩、总投资达 18 亿元的南方信息中心计划与位于北京的北方基地互相备份数据，保障信息安全，共同搭建起支撑 PICC 全国业务的服务基地，并且将集数据中心、灾备中心、培训中心、研发中心、呼叫中心等功能于一体，同时，不单单局限于后台，集团公司的部分前台业务和相关子公司也可聚集在这里，未来这里可以打造成为 PICC 全国性的标志项目，一些国际性的高端金融论坛等活动也计划放在南方信息中心进行。通过建设信息中心，PICC 可以整合全国资源，降低公司运营成本，有助于提高公司的竞争力。

在选址过程中，PICC 考察了包括南海在内的不少地方，最后决定选择南海有几个因素：一是广东省、佛山市及南海区三级政府发展金融业的坚定决心；二是南海区政府的务实、开明和高效；三是金融高新区科学、准确的功能定位；四是南海区优越的地理环境、配套环境和人文环境，最终促使 PICC 南方数据灾备中心落户于南海。

2008 年 10 月 28 日，中国人民保险集团南方信息中心奠基仪式在南海千灯湖畔举行，这是金融高新务区首个正式动工建设的项目，也标志着金融高新区建设取得了新的重大进展。

南方信息中心是中国人保信息化建设的重点项目，该项目占地面积 134 亩，总投资达 18 亿元，拟建设数据中心、电子商务营销中心和呼叫中心三大中心。整个工程当时计划分两期建设，第一期拟建成信息数据中心、电子销售中心、客户服务中心和后勤服务体系，第二期在第一期的基础上，增加承包管理、财务结算和培训等业务板块。整个工程建成后，能够为 PICC 及其所有的子公司提供 IT 数据备份服务，也与其北方信息中心互相备份数据，保障信息安全。一期工程，PICC 计划投入近 9 亿元对原“南海文化中心”进行改造，改造面积达 4.9 万平方米。改造完成后，这座被闲置多年的建筑可以成分 PICC 办公、研发、数据处理以及全国培训的基地。另外，PICC 还计划在文化中心旁边建设一栋 4 层的主机房楼，并在建筑风格上和文化中心保持一致。

PICC 南方信息中心核心区域占地 8.26 万平方米（约 123 亩），总投资达 18 亿元。其中，机房楼占地面积约 1.76 万平方米，地下 1 层，地上 4 层，从正式动工到封顶仅用 9 个多月。数据机房楼按欧美最高标准建设，广东抗震一般为 7 度抗震，而该楼达 8 度抗震，普通楼每平方米承重为 300 ~ 500 千克，而该楼每平方米承重达 1500 吨，周边无污染、无电磁干扰。南方信息中心当时计划安装全球最高级计算机设备，支持全国业务发展，完善管控能力，通过信息化带动业务发展。南方信息中心运营后，可以与 PICC 今后建设的北方中心在全国形成“相互支持、相互备份”的格局。

PICC 南方信息中心对电力供应的要求极高，采取不间断双路供电，同时采用 UPS（持续、稳定、不间断电源）作补充，特殊情况下，只需几微秒（1 秒 =100 万微秒）就可启动供电，为此该公司还配置了 5 台先进柴油发电机，建设了几十吨的油库以备发电之需。由于 PICC 涉及数千亿业务，作为核心区域，南方信息中心机房计划安装全程 24 小时监督系统，进入时设计口令、指纹、密码，且一次只能进一个人，对每项工作全程监控。

PICC 业务高速发展，2007 年保费收入近 1500 亿元，两年资产增值 1 倍，集团公司资产突破 3000 亿元，管理资产突破 7000 亿元，南方信息中心是全国性的信息中心，成为发展的载体。PICC 南方信息中心建成后，当时预计吸引超过 2000 人的金融从业人员。对于中高端的管理人才需求，公司预计通过全国招聘来解决，而呼叫、客户服务等技术工人重点在本地招聘。佛山周边有很多高校可以为金融企业提供外语、金融等服务人才，公司已经尝试和这些高校接触，向其提出要求，让他们为公司定向培养急需的人才。为吸引金融人才，南海区计划为前来工作的金融高管及高端人才在户籍、配偶、子女教育、社保等方面给予便利，并为金融高管提供购房、购车的相应补贴。而为了给员工提供更好的生活配套服务，PICC 还计划在基地 1.5 千米左右的范围内建设一栋员工公寓，建筑面积达 3 万 ~5 万平方米，可以解决 1000 多名工作人员的住宿问题。

金融高新区的建设为广东金融业的发展提供了极好的平台，而 PICC 南方信息中心的建设成为广东金融业发展的一个重大里程碑。对“金融高新区”而言，PICC 的进驻与美国国际集团落户一样极具意义，这也是金融高新区内首家落户的“中”字头金融巨头。业内人士认为，这意味着南海的投资环境已经获得中央金融机构的认可，给今后的招商引资工作带来品牌效应。

进京赶考：金融高新区首次精彩亮相

2008 年 10 月 22 日，广东省人民政府在北京举办了金融高新区启动建设以来省外首场推介会。中国银监会、中国证监会、中国保监会相关部门负责领导出席了此次推介会并做了讲话，中国人民银行派员参加。应邀参加推介会的还有中国工商银行、中国农业银行、中国银行、中国建设银行等银行金融机构，中国人寿保险、中国人保等中外资保险机构，以及证券、期货、信托、担保及金融租赁企业、金融 BPO 企业等驻京各大金融机构共 70 家。

广东省人民政府有关领导阐述了广东省建设金融强省的思路与方针，强调了金融高新区对于广东省金融产业发展的重要性，表达了对相关监管部门在今后建设过程中给予帮助与支持的期望，并向驻京各大金融机构进行真诚推介和盛邀合作。

金融高新区所在地佛山市相关领导向与会代表全面汇报了金融高新区的规划与建设情况。为了高标准建设好金融高新区，佛山市、南海区两级政府在包括土地、交通、电力、电信、白领公寓、五星级酒店等基础设施建设方面共投入近40亿元，先后出台了金融高新区《城市设计方案》和《交通设计方案》；在总体发展规划和优惠政策保障方面，出台了《关于加快推进广东金融高新技术服务区建设的意见》和《关于加快广东金融高新技术服务区建设的扶持办法》等政策措施以及编制了金融高新区《发展规划》和《人才保障规划》。

为了全方位展示推介金融高新区，会议为此次活动精心制作了金融高新区专用版宣传画册和精美的沙盘模型、DVD宣传片和展板等宣传资料。会上还进行了招商银行和中国光大银行进驻金融高新区签约仪式。

中国银监会、中国证监会、中国保监会有关部门负责人也就如何规划建设好金融高新区作了指导性讲话，对该园区的建设成绩予以充分肯定，对往后的建设工作提出了宝贵的意见，并表示继续给予大力支持。已经进驻园区的中国人民财产保险集团公司、美国友邦保险代表在讲话中对广东省政府和佛山市政府高效优良的合作方式和诚意表示赞赏。

这是金融高新区成立后举办的首场推介会，比起之后进行的香港推介会、海外推介会等，此次推荐会的地点选择在北京。北京是我国北方的金融中心，也是政治中心。在中国的政治生态背景下，金融高新区作为广东省实现金融强省目标的一个重要举措，在成立一年之后的首场亮相中非常需要得到肯定与支持，这对于高新区今后的发展有着不容忽视的影响。正如古时进京赶考的学子一样，金融高新区成立一年后的建设成绩让其有了赴考的资格，而进京考试的结果将决定其今后发展的高度。令人欣慰的是，金融高新区顺利地通过了这次考试，北京的相关领导对其发展进行了充分肯定，并对今后的建设给出了宝贵意见和支持。

有了第一次北京推介会的成功经验，金融高新区在国内金融业内顺利打开了局面，之后的推介会中金融高新区更多地将目光投向了国际金融中心，努力吸引国际金融巨头将后台基地放在广东。继北京之后，金融高新区推介会的第二站选择了距离自己最近的香港，香港作为链接大陆与国际社会的桥头堡，其地位非常特殊。在深化粤港金融合作的大背景下，将第二场推介会放在香港显然是正当其时。而之后金融高新区正式走出国门，为真正实现其“辐射亚太”的目标而努力，并先后选择了在新加坡、日本东京、美国纽约等国际金融中心进行推介。

这些推介会地点除了宏观上的战略意义，也不乏偶然的时事因素。例如，2011 年的金融高新区推介会选择了日本，原因有两方面。一方面是一直以来广东与日本之间的经贸合作都非常紧密。2010 年，广东与日本进出口贸易额达682.3 亿美元、同比增长 27.6%，其中广东对日本出口 216.4 亿美元、增长 24.2%，广东从日本进口 465.9 亿美元、增长 29.2%，日本是广东最大的进口国。而随着近年来丰田、本田、日立等一批重大项目落户广东，广东与日本在汽车制造、电子信息等领域的产业联系日益紧密，共同成为全球产业链条不可分割的组成部分。如此日益深化的经贸合作离不开金融的有力支持，未来广东将成为日本金融机构开拓海外市场和进行资本投资最理想的区域之一。另一方面则是金融业的特殊性。东京是全球最重要的国际金融中心之一，与中国香港、新加坡等经济体不同，以东京为核心的东京都市圈拥有从先进制造业到现代服务业完整的产业链条，也正因如此，日本的产业升级和金融国际化经验对于广东来说弥足珍贵。

而在以上两点战略原因之外，一个偶然因素也不可忽略。2011 年 3 月，日本突发了里氏 9.0 级大地震，大地震和随后引发的海啸给其带来了巨大的损失。金融是日本的支柱产业，东京是重要的国际金融中心，自然灾害带来的风险以及金融全球化和信息化发展，使日本更加需要稳定、安全和高效的后台服务支持。而佛山作为一个自然环境相对比较安全、几乎没有重大自然灾害的城市，对承接日本金融后台产业也有着天然的优势。

因此，此次日本推介活动旨在向日本金融界推介金融高新区，提倡将日本企业的技术优势与广东的成本优势、市场优势结合，向日本大型金融机构的后台服务机构、金融服务外包企业和新兴产业机构伸出了欢迎之手，有望推动双方共同发展金融、科技、产业融合，开拓新市场，实现互利共赢。

保险行业在中国尚属于新兴行业，未来仍有很大的发展空间，同时其行业性质也决定了其对金融后台产业服务有着非常巨大的需求。这一点很好地回答了“吸引什么样的金融后台产业”的问题。而为入驻产业提供优质的配套服务以及主动走出去举办推介会活动则是金融高新区对“如何吸引金融后台产业”交出的满意答卷。

第6章　后台基地雏形初现

继上章对金融高新区如何从无到有、将金融后台基地的设想化为现实进行介绍后，本章进一步介绍金融高新区如何继续丰富和完善“金融后台基地”的内容和范围，实现全方位的金融后台产业布局。

青云直上：乘着外包服务业发展的东风

在2010年金融产业发展中，逆势发展的服务外包产业表现颇为抢眼。尽管金融危机使高度依附美国和欧洲服务需求的全球离岸外包行业受到严重打击，但是鉴于以成本驱动的产业转移趋势不可逆转，中国服务外包产业2010年迎来新一轮发展契机。由于中国市场政治稳定、人力供应充足、成本相对比较低等优势，中国也成为越来越多的跨国公司首选的服务外包交付地。

加快发展国际服务外包产业对于解决城市大学生就业，提升服务业质量和开放水平，促进我国产业结构转型升级等都具有重要意义。因此，国际服务外包产业是我国“十二五”时期需要大力发展的战略性新兴产业，“十二五”时期也是我国国际服务外包产业跨越发展，整体提升，创造国际竞争优势的关键时期。

2009年1月初，国务院批复北京、上海等20个产业基础良好的地区为中国服务外包示范城市，给予所得税减按15%、免征营业税及人才培训补贴等特殊优惠政策。虽然金融高新区所在的佛山市由于原有服务外包产业基础薄弱而未能入选为国家级服务外包示范城市，然而随着金融高新区服务外包产业的发展和广佛同城的不断推进，佛山市事实上已经成为国家服务外包示范区。在佛山市的争取下，商务部批复了广东省政府关于佛山以广佛同城的名义，以“20 + 1”的形式享受除所得税优惠以外的其他优惠政策，这无疑为佛山把自己打造成为金融服务外包基地提供了巨大助力。

在这样的背景下，金融高新区大力引进了一批国内外知名服务外包行业的龙头企业，强势打造金融服务外包基地。随着 IBM 服务外包基地项目的落地，金融高新区服务外包产业集聚初步形成。这些行业龙头企业的进驻，不仅能帮助金融高新区完善产业布局，吸引更多的服务外包企业进驻形成集群效应，同时在对金融高新区引进高端人才、提升城市形象等方面也具有十分显著的作用。

在引进的服务外包企业中，新宇软件是一家国内知名软件服务外包企业，主要为包括波音、微软、IBM、诺基亚、宝洁、花旗银行等在内世界 500 强公司和众多国内外知名企业提供 IT 服务、PLM（产品生命周期管理）实施、SAP（企业管理解决方案）实施、人员外包等多项外包服务。落户金融高新区后，新宇软件选址桂城瀚天科技城综合区建设了华南区交付中心，并于 2010 年 8 月正式开业。该中心主营业务是软件开发外包及技术型呼叫中心外包，主要针对落户南海的外企，这些外企中相当一部分有在当地兴建覆盖亚太地区呼叫中心的需求。

同时被引进的浪潮世科则是中国最大的服务器制造商和服务器解决方案提供商浪潮集团的下属企业，主要负责集团服务外包类业务，以软件外包服务为核心，涵盖软件开发、软件测试、托管维护服务等业务。浪潮世科进入金融高新区后，设立了世科华南区业务流程外包（BPO）中心项目，主要承接内地及港澳 BPO 类业务，并为金融高新区当地金融机构及企业提供后台服务。

不同于新宇软件和浪潮世科是国内服务外包企业“领头羊”的身份，法国凯捷集团则是全球领先的管理咨询、技术咨询和外包服务供应商，是世界服务外包企业的“领头羊”。2009 年底，广州凯基代表凯捷集团与金融高新区签订合作协议，在其夏西国际商务区设立南海外包运营中心。该中心作为凯捷集团在中国地区最大的 BPO 交付中心，主要面向欧洲、北美、日本、韩国、中国香港等国家和地区的客户，涵盖金融、快消、零售、能源、化工、物流及制造业等，包括国际纸业、联合利华等 13 个国际知名的全球性客户。2010 年底，该运营中心正式开业，这对完善金融高新区树立行业标杆，完善产业布局，进一步清晰金融高新区的高端智力型定位具有重要意义。

继法国凯捷之后，金融高新区在 2010 年底引进了 IBM 服务外包基地项目。当时，南海正在致力于从制造业向以服务业为主导的产业结构调整，而 IBM 服务外包基地的设立，正是为了支持南海产业发展的战略规划，并顺应这一不断增长的市场和客户需求，为企业在客户关系管理、财务和会计、人力资源以及采购等重要职能方面提供外包服务。南海服务外包基地的成立，是 IBM 继武汉、上海、成都、大连、深圳等 5 个城市之后，在中国市场设立的第 6 个服务外包业务执行机构。随着 IBM 服务外包基地项目的落户，南海的软件和服务外包产业集聚已初步形成，实现了软件研发、信息技术服务、教育培训、设计测试、动漫游戏等核心外包产业的全覆盖。

获得肯定：“中国最佳金融服务外包基地”

2009 年 10 月，在上海举办的第六届中国国际金融论坛上，金融高新区荣膺“中国最佳金融服务外包基地”称号，而佛山市南海区也因近年持续致力于改善信用担保体系、优化金融业发展环境，荣获“中国最佳金融生态区”奖，来自中国保监会、中国银监会、上海市政协、中国农业银行、上海浦发银行、中国金融期货交易所、摩根士丹利亚洲区、摩根大通（中国）、德意志银行、瑞士信贷（中国）等机构和企业相关国内外重量级金融政要、嘉宾，以及《华尔街日报》、彭博新闻社、《金融时报》、《理财周报》、新浪财经、《上海证券报》等国内外媒体记者共300余人出席了论坛。

中国国际金融论坛已连续举办六届，是中国规格最高、影响力最大的金融论坛，也是国家支持上海国际金融中心建设的具体举措，该论坛取得的共识对我国金融业发展具有深远影响。金融高新区获此次论坛的肯定，也表明了国内外金融业界对金融高新区取得成绩的积极肯定与金融高新区致力于建设辐射亚太的现代金融产业后台服务基地的战略支持。

多管齐下：打造银行业后台服务标杆

作为金融行业中的重要组成部分，银行业在金融业发展中有着非常特殊的地位，不仅能丰富金融业态发展，还能直接促进当地产业发展。在经历了金融危机而迫切需要产业转型升级的广东，银行业的发展显得尤为重要。因此在金融高新区的产业布局中，银行业后台服务也是招商服务的重点。金融高新区通过良好的基础设施和靠近广州的区位优势，再加上良好的产业、人才等政策支持，多管齐下，成功吸引了多家银行的后台业务进驻金融高新区，并在2010年吸引了中国银监会在金融高新区落户，成功丰富了高新区产业布局并将自己打造成为银行业后台服务的标杆。

金融高新区成功引进的第一家银行是光大银行。2007年12月18日，光大银行佛山分行与南海区政府签署进驻金融高新区的合作意向书，确定进驻金融高新区并在千灯湖区域建设光大银行佛山分行，经营资产、负债、中间业务等全面银行业务。而这也是2007年光大银行在广东的第一家二级分行。光大银行方面表示，金融高新区的基础设施建设、政策引导与支持都让他们感到满意，同时也是因为看好金融高新区未来的前景与发展，才选择了在这里建设分行。光大银行选择南海作为基地，无论是对其自身的发展，还是对当地经济的服务，都将起到极大的促进作用。

除光大银行和招商银行两家银行机构外，金融高新区吸引的另一家意义非凡的机构便是中国银监会。中国银监会是我国银行业金融机构的监管单位，代表中央政府监督管理银行、金融资产管理公司、信托投资公司及其他存款类金融机构，在国内外金融业界具有巨大的影响力。2010年7月，中国银监会南方国际培训中心正式落户金融高新区A区，该培训中心定位于打造“高端培训中心、高水平国际交流平台”，建成后除服务中国银监会系统内会议和培训等保障工作，为中国银行业高管人才进行培训外，还计划定期在此组织具有国际影响力的金融论坛，加速南海高端智力密集型金融后台产业聚集。

南方国际培训中心的建立有利于银监会加大对华南地区的培训辐射力度，促进国内外金融监管人员、从业人员加强交流与合作，为银监事业的发展、银行业的改革创新培养、输送专业人才；同时也可在南海竖起银行业的标杆，进一步提升金融高新区的品牌形象和辐射能力，促进南海高端智力密集型金融后台产业聚集。

银监会南方培训中心的落户大大提升了金融高新区对银行业的吸引力，为金融高新区的后续招商工作提供了巨大助力。继银监会南方培训中心成功落户后，金融高新区相继又吸引了广发银行金融中心、汇丰环球客服等机构进驻。

随着金融高新区基础建设和配套设施等功能日趋完善及广佛同城的加深，作为总部设在广州的广东省本土银行机构，广发银行入驻金融高新区有着得天独厚的优势。2010 年 8 月，广发银行广发金融中心在金融高新区正式奠基，该中心规划总建筑面积为 32.8 万平方米，是当时金融高新区内占地面积、建筑面积和投资规模最大的项目，也是当时入驻单位中唯一一家全国性股份制商业银行的后台中心。广发银行金融中心包括信息中心、运营中心、培训中心、呼叫中心、信用卡中心、安全监控中心等六大中心，当时预计未来十年，进驻该中心工作的各类员工将超万人，以满足广发行十五年内的业务发展需求。

广发银行每年各类培训多达 4 万多人次，其中由总行组织的培训就有 2 万多人次，这些培训都在广发银行金融中心进行，这为金融高新区带来巨大的经济活力，同时金融中心开展业务所需要的各类人才也为金融高新区产业升级及佛山城市升级提供人才支持。

作为全球最大规模的银行及金融服务机构之一，汇丰集团在欧洲、亚太区、美洲、中东及非洲等 87 个国家和地区设有约 8000 个办事处。汇丰环球营运在中国已先后于广州、佛山设立了 3 家环球营运服务中心，为汇丰集团客户提供营运支持服务。2010 年底，汇丰环球客户服务（广东）有限公司正式签约进驻金融高新区，为全球的汇丰集团客户提供多元化的优质营运支持服务。

汇丰环球营运服务中心与相继投入运营的美国友邦亚太区金融中心、PICC 南方信息中心、广发金融中心等重大项目一起，支撑起金融高新区的产业架构，引领其他驻区企业共同营造现代金融后台服务产业氛围。汇丰环球营运的进驻也是国际性金融机构对金融高新区发展的再次肯定，对完善金融高新区后台产业布局，树立银行后台服务产业行业标杆，提升金融高新区国际品牌形象，加速高端智力密集型金融后台产业聚集具有重要意义。

在招商过程中，金融高新区采取通过龙头企业进驻带动同行业企业进驻的策略，成功引进了大批行业标杆企业，完成产业聚集。继金融高新区成功引进众多保险业、服务外包产业以及银行后台服务产业等行业巨头之后，金融高新区也成功完成金融后台产业的全方位产业布局，已基本实现高端金融后台产业基地的目标定位。

Part III

后台+前台双定位（2010—2013年）

第 7 章　深谋远略还是大势所趋?

自本章开始，金融高新区逐步推进其金融后台 + 前台“两条腿走路”的战略。本章重点介绍了金融高新区从金融后台向金融前台战略转向的过程。在最初的探索阶段，南海决策层希望从私募风投基金入手，通过引进私募风投机构，撬动佛山的庞大民间资本，为新兴产业和科技产业以及传统产业的升级转型提供金融服务支持。在此基础上，金融高新区成功筹备并举办了首届产业融合创新洽谈会（以下简称金洽会）。作为突袭金融前台阵地的首个产品，金洽会首先是链接企业与金融资本的平台，也是探索探讨金融高新区发展问题的论坛，还是展示金融高新区建设成果的窗口。

探索金融前台：从私募风投开始

2007 年，南海以“金融后台”的概念，成功使金融高新区落户千灯湖。随着软、硬件环境的逐步完善，金融高新区在金融业界的知名度和认受性逐步提高。截至 2010 年 11 月 5 日，已经有 36 个项目落户金融高新区，其中不乏中国人保集团南方信息中心、中国银监会南方培训中心等国内外知名金融企业，而投资总额也超过了 120 亿元，总建筑面积达 180 万平方米，涵盖了银行、保险、证券、担保、基金、金融 BPO 等领域，打造金融后台的初步目标基本实现。

然而经过近三年的发展，南海决策层发现，单是停留在金融后台服务层面，对传统经济、新兴产业的带动远远不够。一直以来，工业产业都是佛山经济发展的强劲动力，数据显示，截至2010年12月，佛山市规模以上工业总产值达到14781.59亿元。在如此亮眼的经济数据背后，是一大批发展稳健的本土企业及稳扎稳打的民营企业家。一方面受传统思维影响，这些企业家在企业发展过程中更多地依赖于自有资金发展，很少借助银行贷款以外的其他金融手段发展。这样的发展方式虽然极大地避免了企业可能面临的金融风险，然而在市场环境飞速发展的今天，机遇往往稍纵即逝，过于保守的发展理念也会使企业丧失许多宝贵的发展机会。

另一方面，企业的发展给这些企业家带来了巨大的财富，而对于这些财富，企业家似乎更青睐于将它们存入银行或投入传统的股票或债券市场。相较于这些沉淀的民间财富，许多企业尤其是中小企业在发展过程中面临更多的却是“钱荒”的现象。根据佛山市统计数据显示，2010年末佛山市全市中外资银行金融机构本外币各项存款余额为8462.33亿元，而本外币各项贷款余额为4868.99亿元，贷存比仅为57.5%；同年南海区各类金融机构存款余额为2638亿元，其中城乡居民存款1531亿元，存贷比仅为47%。如果能顺利引导这些沉淀的社会资本流向需要发展的新兴产业和需要转型升级的传统产业，则必将为产业发展注入不可估量的发展动力。

“科学技术是第一生产力”“金融是现代经济的核心”，多年前邓小平同志就做出了这样的判断，那如果把两者结合起来又会产生什么样的化学反应呢？要回答这一问题，美国硅谷是最好的参考样本。先进的科技创新能很快找到融资工具使之进入生产，庞大的金融支持又反过来推动了科技创新，这就是硅谷传奇的核心。在全球经济竞争开始转向，新材料、新能源等战略性新兴产业成为焦点，广东产业发展开始“转方式、调结构”的今天，能否也将金融与科技融合，产生产业发展的核动力呢？

正是在这样的背景下，金融高新区正式产生了从金融后台走向前台的思路，决定参照硅谷的发展模式，实行金融科技产业融合发展，打造广佛的“金融硅谷”。而 2010 年 8 月 17 日广东省人民政府批转的《加快推进广东金融高新技术服务区建设工作方案》，则为金融高新区做出的这一决定坚定了信心。该方案制定了金融高新区的战略定位、发展目标、建设内容、政策支持与保障措施等内容，肯定了金融高新区对广东省加快发展现代服务业、建设金融强省的重要意义，明确了金融高新区的战略定位为金融后台服务产业园区、现代服务业发展示范区、金融产品研发与服务创新基地和深化粤港澳金融合作的重要平台，并将金融高新区建设纳入全省金融改革创新综合试验区总体方案、粤港澳金融合作专项规划和省“十二五”金融改革发展规划。该“建设方案”的实施，表明了广东省政府对金融高新区取得成绩的积极肯定与金融高新区致力于建设辐射亚太地区、功能完备的现代金融产业后台服务基地的战略支持，为金融高新区未来发展增添了强劲动力。

需要注意的是，从后台到前台，并不是一个改头换面的转向过程，而是一个继承发展的过程，是着眼于本地区整个金融产业链的发展而进行战略规划。在大力发展金融前台业务的同时，后台机构的引进依然在如火如荼地进行着。例如，在后文中介绍的汇丰银行和渣打银行后台的引进，其实就是在发展金融前台的同期进行的。不仅如此，从后台到前台的发展战略，更多的是一种金融服务链的完善。金融高新区从后台起步，到前台甚至总部机构的进驻，都体现了这一思路。以汇丰银行为例，最开始引进金融高新区的是作为后台的营运中心部分，而在营运中心正式开业后，其又将整个分行逐步迁入金融高新区。同样的情况也发生在毕马威、恒生等机构的引进中。

在“坚守后台，探索前台”的双向发展策略下，金融高新区既要做金融后台服务产业的聚集区，又要做资本的聚集区。发挥政府的引导作用，出台更具竞争力的优惠政策吸引国内外私募股权投资机构进驻，搭建资本平台和技术平台，通过市场化的手段聚集社会资本，加快金融、科技、产业融合发展，促进传统产业升级和新兴产业培育，建设中国最佳私募基金及风险投资聚集区。为探索金融前台，金融高新区提出了一系列创新举措，接下来一年多的工作也都是围绕这个核心展开的。

私募基金及风险投资新高地

经过三年的发展，金融高新区正式开启金融科技产业融合发展的模式，加快建设中国最佳私募基金及风险投资聚集区。而2010年，宏观经济环境也对吸引私募和风投机构聚集有着极大便利。由于看好中国经济增长前景，中外创业投资基金和私募股权基金在金融危机后募资活跃，仅2010年上半年新募可投资于中国大陆的基金额均已接近或超过上年全年总和。于是乘着私募基金发展这股东风，金融高新区仅从2009年8月至2010年11月就引进了6家风投机构。这些风投机构所涉及的投资涵盖了新媒体、新能源等需要大力扶持的高新产业，为佛山实现产业转型升级提供金融支持。

2010年9月9日，香港中华网投资集团与南海区政府签署合作备忘录，双方计划在金融高新区共建一个总规模为6亿元的创业投资基金，推动南海区的高科技公司和新媒体产业的发展。这只创业投资基金，将投资在南海区内的高科技及新媒体产业，包括云计算、电子商务、社交网、3G移动通信媒体、网站、动漫等，并重点投资南海区内正处于起步发展阶段的成长型科技企业。

时任中华网集团行政总裁叶克勇说，南海民营经济发展迅猛，且在区内的翰天科技城、天安数码城等都市型产业基地，聚集着一大批成长性好的高科技企业。这些企业在发展阶段非常需要资金或技术，以及国际化的管理运作人才。而中华网集团和南海共建的这个创投基金，就可以帮助企业解决这些问题，提高企业的竞争力，同时地方政府和其他投资者也可以得到可观的风投回报。

而在中华网集团之前，2009 年 9 月新加坡最大的风险投资公司——亿胜投资集团已经进驻金融高新区，专注于投资佛山的新能源、新技术领域。2010 年 9 月 19 日，亿胜集团及其合作伙伴投资的亿能大厦在金融高新区正式奠基，该项目总投资 3 亿元，当时计划 2011 年底建成，2012 年正式运营，主要用于南海商务金融办公及科技企业孵化。

“佛山民营企业众多，但其中不少存在资力不足，股权分配不合理等问题，亿胜集团以本地化运作为这些企业金融服务，目前主要以基金管理为主要业务。”据亿胜集团中国区领导介绍，集团以亿能大厦为平台，着力打造“一站式”金融服务中心。

在具体运作上，亿胜集团主要是以南海为基地，为该地区的企业客户提供融资、并购、上市等财务顾问服务，并对当地高新技术或高成长企业进行投资孵化，包括数字技术、通信技术、网络技术、媒体技术、生物保健、新能源、环境保护等高新技术产业及现代服务业等，为企业提供贴身金融服务，并辅导其上市。

2010 年 10 月 27 日，金融高新区迎来首个第三方高端理财机构——诺亚（南海）财富管理中心，正式落户金融高新区。不同于之前进驻的风投机构，该财富管理中心定位为富人理财机构，努力挖掘佛山高净值成功人士，客户的投资起点在 100 万美元。金融高新区良好的金融服务氛围，吸引了诺亚（南海）财富管理中心落户，而它的落户也可以盘活佛山庞大的民间资本，为科技产业带来新的发展契机。

首届金洽会：定位产业金融中心

产业金融中心概念的首次提出，是在 2010 年 11 月底举办的首届金洽会上。在发展金融前台的前期战略规划中，金融高新区的主要关注点在私募基金和风险投资的汇聚上。然而，在汇聚资金的同时，也需要开始考虑资金使用的问题，大量的资金使用不当，不仅会造成金融资源的浪费，更有可能对地方经济产生不利影响。佛山拥有强大的工业基础，这是地方产业发展的巨大优势，而工业企业的升级转型无疑是未来发展的主要方向。在这样的背景下，金融高新区提出了“金融·科技·产业融合发展”的战略思路，在金融前台建设中明晰了打造产业金融中心的定位，希望将汇聚而来的金融资源同佛山本地的产业优势进行融合。正是出于为产业和资本牵线搭桥的目的，金融高新区在2010年11月底举办了一场资本投资市场的顶级峰会金洽会，成功吸引了众多风投和私募机构的目光，让金融高新区“金融硅谷”的金字招牌更加响亮。

2010年11月29日，首届“2010中国（千灯湖）金融·科技·产业融合发展论坛暨项目对接大会”在金融高新区成功举办，包括100多家国内外私募创投机构及学术研究机构，200多家新能源、新材料，节能环保、传统制造业等企业，以及80多家银行、证券、担保和中介机构共计600多人出席了会议。

在发展论坛中，时任佛山市委相关领导介绍，在金融与科技融合发展的思路中，佛山推出了三项发展计划。第一项计划就是“463”计划，该计划内容是在四年内佛山至少推出60家企业上市，融资超过300亿元；第二项计划是培植各项基金在这里投资发展，其中包括PE和VC、担保基金、人才培育基金和科技孵化基金等各种资金形式；第三项计划是进行各项金融创新，包括深圳银行和各种小额贷款公司等。

与会的创投机构直接通过行动对金融高新区“金融科技产业融合发展”的理念以及“中国最佳私募基金及风险投资聚集区”的目标定位表示了支持与赞同，包括深创投、达晨创投、昆吾九鼎、中科招商等20家私募创投企业已经正式进驻金融高新区，可募资金达到45亿元。

此外，其他四五十家风投企业进驻事宜也正在洽谈中，日后该园区可募总资金预计可达 200 亿元。

在当日下午举行的“风险资本—项目对接会”上，来自新能源、新材料、机械装备及部分传统行业的佛山 12 名优秀企业家向风投机构阐述了各自的市场定位、发展前景以及融资需求等方面的内容。参会的 12 家企业中不乏各行业的龙头企业或“隐形冠军”，其中多数企业也是行业开拓者。如艾科电子公司的中央空调计费系统和建筑能耗管理系统、南海瑞洲科技有限公司的信息化制鞋技术、新兴利合成纤维有限公司的塑料打包带等，均为各行业此类产品的“开山鼻祖”，几家公司也均为各自行业的“隐形冠军”。与会的这些企业也通过数据向风投企业介绍了自己庞大的市场占有率。在对接会上，佛山市南华仪器有限公司就提供了一组数据，显示出其公司产品在国内市场上的高占有率：“汽车排气分析仪在国内市场的占有率为 60%，柴油车烟度计占 50%，工况法汽车排气检测系统占 30%，前照灯检测仪占 40%。”除市场占有率外，这些企业还展示了各自的核心科技和专利技术，通过公司的市场竞争力和良好的未来发展前景来打动风投机构。此外，企业还详细阐述了其预备融资的资金额度以及使用方式，而交易的方式，则是私募投资公司注入资金后，将获得一定比例的股权，与企业共同承担风险。

对于风投机构来说，除了上述市场占有率和企业核心技术等方面，融资项目或产品是否拥有良好的市场前景、市场竞争对手的经营情况以及企业的研发团队力量等方面都是需要考量的问题。尤其是对于中小科技型企业而言，是否具有较高的成长性、是否具有强大的自主创新能力、在科技创新领域是否具有明显的竞争优势等问题，是其能否获得私募创投基金的关键。最终，本次项目对接会也取得了丰硕成果：广东省风险投资集团、深创投、达晨创投等 5 家私募创投机构与广东天波信息、广东昭信、德联集团等 5 家优秀创业企业签订了投资协议；而三网融合数字家庭云联中心、光通信集成芯片、LED 外延片项目、纳米生物材料（应用）工程技术中心等 10 个高端科技化项目则签约落户南海。

首届金洽会的巨大成功，让这一盛会的形式和传统保留了下来，逐渐形成了金融高新区每年一届的特色活动。在接下来的几年中，每届金洽会都获得了业界的密切关注。

2011 年的金洽会中，共有“金融、科技、产业融合与创新论坛”“科技企业展示暨项目对接大会”等 5 个论坛项目在两天时间里悉数展示，吸引了 180 多家国内外私募创投机构的合伙人及 300 多家新能源、新材料、节能环保企业共 700 多人参加，最终共签订涉及 7 个项目的 10 份投资意向合作协议。2012 年的金洽会上共有 200 多家国内外私募创投、50 多家科研机构、300 多家优秀科技型企业出席盛会，金融高新区的金洽会逐渐成为产业和金融对接的一场盛宴。

为推动金融、科技、产业融合创新过程，广东各地政府正积极打造各类平台和“抓手”。而金洽会成为珠三角地区金融资本与实体产业对接的主要平台，签约金融不断扩大，金融创新领域不断拓宽，从理论到实务为广东金融、科技、产业融合创新提供了有力的支持。一年一度的金洽会是广东省科技界的一件大事，正成为广东省科技与金融结合的一项重要举措，对于探索科技资源和金融资源全面结合的新机制和新模式，营造和优化广东省自主创新的投融资环境，促进高新技术产业发展意义重大。

第8章　知易行难：金科产融合发展

本章重点介绍了金融高新区在金融前台建设过程中的三方面主要工作。首先是进一步推动金融科技产业融合发展，具体表现为粤港金融科技园的建设。其次是关于普通民众金融知识的普及和企业家金融理念的培养。最后是南海区大力推进的“选种育苗”计划。三项主要工作从不同角度、不同层面推动着金融高新区的发展，第一项是符合发展金融前台战略思维的长远规划，第二项则是面对民众金融知识普及不足现状的灵活应对，第三项是针对工作推进过程中出现问题的具体解决方案。三项主要工作体现了金融高新区在战略布局上的长远眼光，也体现了其在日常工作推进过程中脚踏实地、实事求是的工作态度。

金科产首秀：粤港金融科技园

2011年2月18日，距离第一届“中国（千灯湖）金融·科技·产业融合发展论坛”过去不到3个月，金融高新区就正式启动了“金融科技产业”融合发展这一转型思路的首个具体举措——粤港金融·科技园正式启建。这个占地面积111.26亩、总投资逾21亿元的项目，计划借助金融高新区金融创新的强大优势，建设成为集高科技企业研发、技术创新、产品中试等功能于一体的公共平台和产业载体。

改革开放以来，珠三角因承接香港、台湾等地的加工制造业而起势，香港也因为有了珠三角这一发展腹地而巩固了其全球金融中心、物流中心、商贸中心的地位，实现了完美转型。今天，中国内地庞大的消费市场，以及珠三角雄厚的工业基础和传统产业升级、新兴产业培育的需求，正在成为吸引香港资金、人才、技术新一轮北上的动力。随着金融、商业服务、贸易及物流服务等主导产业不断发展，近年来香港提出了以“创新”和“知识”为本的产业发展方向，并建立香港科技园进一步促进主导产业更快发展。

即将建设的粤港金融·科技园位于金融高新区 B 区，东邻佛山一环，南临海八路，项目占地面积 111.26 亩，预计总投资逾 21 亿元。该项目是金融高新区核心区促进金融、科技、产业融合发展和战略性新兴产业培育的高端产业载体，拟细分为信息技术、精密机械（含金融硬件设备）、新材料、环保产业等若干主题园区。该科技园不是工业园的性质，而是研发创新的平台，是新兴产业发展创新的源泉，和一般的工业园有着本质区别。与一般集研发、制造、物流于一体的科技园或是孵化园模式相比，粤港金融·科技园更专注于研发领域，在服务方面将更加专业，如届时可以提供租赁式研发硬件与软件等服务。

金融与科技融合发展，是粤港金融·科技园有别于其他科技园项目的一大特点。粤港金融·科技园未来计划依托广佛乃至整个珠三角现有的新型产业优势，以金融、绿色、低碳、环保为目标，重点引进新材料、精密机械、高精尖电子、三网融合通信等产业，建设成为集高科技企业研发、技术创新和产品中试的公共平台，以及高科技企业总部、科研人才的集聚地。

在开发模式上，粤港金融·科技园一改以往土地招商的模式，试图探索产业载体招商的新模式。粤港金融·科技园能够充分发挥政府的主导作用，由南海公有资产控股的下属企业进行投资建设，以此确保其“金融、科技、产业融合发展”的既定方向，避免社会资本要求高回报的特性而改变园区发展方向。

相比于土地招商，选择产业载体招商模式的粤港金融·科技园更加注重长远利益，而非土地的短期收益和片面的 GDP 增长。政府投入的目的是带动产业转型、城市转型和环境再造，实现区域整体升值，而不是看重短期的回报。对于粤港金融·科技园选择这样的开发方式，香港科技园的发展方式具有重大的参考意义。当时香港科技园每年的租金收入只有 2.4 亿港元，而运营经费（不含研发经费津贴）却需 3 亿多港元，每年亏损近 1 亿元，但却引领了香港的未来转型。因此，粤港金融·科技园计划学习香港科技园的先进理念和模式，引进华南乃至全国的成长型优秀企业和研发团队，利用金融的推动作用，把科学技术转化为生产力，进而推进佛山和广东的经济发展，为实现产业升级和城市转型做出贡献。

政府在建设产业载体的同时，也适度投入建设实验室等公共平台，并购买测试、中试设备。全部产业载体采取租赁使用模式，园区负责对企业使用设备者进行操作培训。对于成功进驻的科技型企业，园区会分阶段进行跟进目标考核审批，同时会按照企业不同的成长阶段，分类别提供不同的产业载体配套和融资担保经费补助等。

金融高新区化身“红娘”

继 2010 年 11 月成功举办首届“中国（千灯湖）金融·科技·产业融合发展论坛”之后，2011 年 3 月 24 日，金融高新区又联合清科集团共同举办了“金融·科技·产业融合发展沙龙活动——先进机械制造行业专场”活动。深创投、达晨创投、九鼎投资、招商科技等 10 多家国内顶尖私募创投公司负责人，南海本地 80 余家优秀的先进机械制造企业的高管等参加了活动。

活动的联合主办方清科集团是中国领先的创业投资与私募股权投资领域综合服务及投资机构，主要业务涉及私募创投领域内的信息资讯、研究咨询、会议论坛、投资银行服务及直接投资。本次先进机械制造行业专场沙龙是首届“中国（千灯湖）金融·科技·产业融合发展论坛”的组成部分，此后，金融高新区计划每个季度都与清科集团举行不同行业的沙龙活动。

之所以要在举办完首届“中国（千灯湖）金融·科技·产业融合发展论坛”仅4个月便举办这次分行业专场沙龙活动，主要是因为金融高新区在首届金洽会时发现，企业和金融机构对接的需求非常大。当时活动现场到场七八百人，但由于活动规模和行业分布的原因，不少企业和金融机构在论坛期间的交流并不尽兴，所以金融高新区在几个月之后专门分行业、分类别举行了专场沙龙，希望能让企业和金融机构有更充分的交流。首场沙龙活动选择了机械制造行业则是因为南海先进机械制造业有非常好的基础，已涌现出南风股份、东方精工等一批优秀企业，而且先进机械制造业是国家重点鼓励发展的行业，发展空间非常大。

继首场先进机械制造行业专场沙龙后，金融高新区又分别于2011年6月23日和9月21日举办了新能源、新材料行业专场和新光源行业专场活动，帮助企业找到资本助力、拓宽企业融资渠道，同时也借助风投和私募机构的力量，充分调动社会资本，进而加速产业转型、优化产业结构。

金融头脑风暴席卷南海

政府为企业和金融机构打造一个专业平台，将其聚集起来，促进金融科技和产业融合发展。举办对接会等活动作为外部因素，或许可以通过政府和民间一起努力，逐渐拓展渠道。然而对接的主角仍然是企业，所以企业家所具备的资本意识和资本知识才是促成融合发展的关键。南海的企业家一直以来都以低调务实、脚踏实地的形象闻名，然而在企业融资方面他们的形象则有些“传统”和“保守”，尤其是对于私募基金、风险投资等不太熟悉的创新金融方式而言。由于局限于传统思维，目前佛山企业很少借助银行贷款以外的其他金融手段发展。而实际上，创投给企业带来的不仅仅是资金，更重要的是符合资本市场和投资者的产业整合、开拓市场和内部管理的全新理念。尤其是对于管理不太规范的企业来说，引入创投是梳理公司治理结构，建立规范管理的最好机会。因此，在经济飞速发展的今天，尤其是当企业发展到一定阶段后，企业家都有必要把资本运作、投资融资纳入自己的知识范畴，这样才能在博弈中取得双赢，否则就有可能会错过企业发展的黄金时机。

能否真正发挥金融科技产业融合发展的威力，还需要企业家对风投行业有更多的了解，创新发展思路的方式。为此，金融高新区提出“激活民资，汇聚民智”的工作思路，将目光投向企业家群体，联合国内外顶尖机构陆续举办了类似的行业峰会、高峰论坛、学习班或研究班等活动，为企业老板们“充电”。

为使更多的人了解金融与科技结合所能带来的“引擎”作用，金融高新区 2011 年 2 月起在《珠江时报》开设了系列报道，围绕“金融·科技·产业融合发展”的主题，结合金融高新区的发展，从政府、金融机构、创新企业等多个角度展示南海推进三者融合发展的进程，搭建三方沟通的桥梁，使金融科技真正成为南海产业经济发展的“核动力”。同时为给企业家普及金融知识，在系列报道期间，金融高新区也在《珠江时报》上开设了金融知识专栏，对有关私募股权、企业上市、知识产权质押融资等金融知识进行普及。

“私募股权投资篇：私募股权基金概念及其特点”“融资租赁篇：另类而实用的融资渠道”“风险投资，融资者的陷阱?”“企业上市篇：创业板科技型中小企业发展助推器”……2011 年 3 月起，金融高新区在金融知识专栏陆续为广大民众详细普及了关于私募股权基金、融资租赁等新型融资方式的基础金融知识，让广大民众尤其是企业家对这些金融知识有了初步认识。金融知识专栏通过简单精练、通俗易懂的语言，从各融资方式的概念、组织形式、潜在风险、盈利方式等方面进行详细而全面地科普，还通过“达晨创投与同洲电子的联姻故事”“分众传媒的融资故事”“江西赛维的融资故事”以及南海本土企业南方风机成功上市创业板的故事等生动的案例让民众对这些融资方式有了更直观的认识。

除了利用传媒方式进行金融知识的科普，金融高新区还主动引进北京大学和广东外语外贸大学等高校力量为自己打造了一批专业“智囊团”，为金融科技产业融合发展提供必要的智力支持。2011 年，金融高新区联合北大汇丰商学院和广外举办了多个专业培训班，为企业家、政府官员等群体讲授私募股群投资等金融专业知识。

为“激活民资、汇聚民智”、进一步提高企业家的风险投资和资本市场意识、提升现代企业治理水平和资本运营能力，金融高新区与北大汇丰商学院合作，联手在南海开设了“北京大学私募股权投资（PE）与企业上市研修班”。该培训班的主要培训对象为南海区优秀民营企业家，旨在促进资本与南海优势产业、战略性新兴产业的对接，并为南海打造“国内最佳的私募基金及风险投资集聚区”储备人才。这也是佛山首次举办此类培训，而此前北京大学汇丰商学院只在北京、深圳、广州等为数不多的城市开设此类课程。

2011 年 4 月 1 日，“北京大学私募股权投资（PE）与企业上市研修班”在南海举行了首堂公开课，5 月 21 日北大 PE 研修班正式开课。该研修班学制为期一年半，进行分阶段授课，授课目标为南海区内各企业董事长、总经理、投融资项目负责人、其他中高层管理者等。举办北大 PE 班一方面可以培养一大批私募股权投资基金管理者与投资者，帮助寻求私募基金投资的本地企业与私募股权投资基金“结缘”，另一方面，也可以加速企业牵手金融资本的步伐，通过资本的力量来带动企业迅速做大做强。

当时，长三角一些城市的民间借贷情况异常猖獗，当地企业因无法承受高额的借资利息而陷入困境，也使不少人开始担心出现中国式的“次贷”风暴。而对于南海来说，大部分民营企业都拥有良好的根基，要取得新一轮发展，就必须尽早筑建起次贷风暴“防火墙”，进行自我保护，实现企业的稳健运行，并打好创新的基础，增强市场竞争力，但这一切都要求南海的企业家和政府必须具备驾驭资本市场的能力。而且私募股权投资在我国历史比较短，被大众认识也是在 2009 年创业板推出之后。因此，学习私募股权投资知识能让企业家在今后需要与投资机构进行合作时更清楚自己的位置，从而更好地为企业扩张升级制定发展战略，使企业能站在更高层面上谋划未来，也能更好地防范金融陷阱、保护企业和股东的利益。

在参加北大 PE 研修班的学员名单中，除了大量民营企业的董事长、总经理，还有不少南海区政府官员及镇街主管经济的领导。在实行金融科技产业融合发展的过程中，政府所扮演的引导和扶持角色不可或缺，而如何发挥好引导和协调资源的作用、引导区域经济快速健康发展，则考验着各级政府的智慧。例如，对于里水镇来说，2008 年金融危机爆发时，不少企业在融资贷款方面出现了问题，虽然也有些中小企业贷款服务，但是门槛太高，很多中小企业无法享受到。镇政府决定成立产业基金来为中小企业提供扶持，可是当时镇政府班子并不太了解私募风投这些渠道，所以当时设立产业基金时和担保公司、银行谈了很多次，方案做了几十份，经过差不多一年才最终把这件事确定下来。因此对于政府官员来说，只有不断通过学习养成驾驭资本市场的意识和能力，才能制定出政策配置资源，与企业一起谋划未来发展的时候才能达成共识，才能为地方经济社会发展提供更贴切的服务。

在政府官员积极学习金融知识的同时，也有不少律师事务所和银行纷纷派出主力人员参加研修班学习私募股权投资知识。随着私募股权投资在中国的发展壮大，越来越多的企业开始引入“私募风投”、进行“股改”、筹备上市，在这一过程中企业所需要的法律服务也更为精细和专业，不少律师事务所纷纷成立专业的融资上市服务部门，完善律师事务所的中介服务功能。因此，加快知识储备和更新，顺利实现法律与金融服务行业的“接轨”对法律从业者来说也非常有必要。而银行则逐渐成为近年来私募股权基金募集的重要渠道，因为为防止基金信托财产被挪用，各国的法律条文一般都对基金的设立和使用做了明确规定。基金均需设立托管机构，并由基金托管人对基金管理机构的投资事项进行监督。同时，为保证监督的严谨有效，基金托管人通常由有实力的银行或信托投资公司担任。因此，参加北大 PE 研修班也为银行从业者提供了拓宽服务、丰富储备知识的渠道。

在开设“北京大学私募股权投资（PE）与企业上市研修班”之外，2011 年 6 月，金融高新区还与广外 MBA 中心为南海的政府官员和企业家共同打造了为期 3 天的“南海区产业金融和可持续增长高级研修班”，进一步为南海企业的转型升级提供智力支持。

2011 年 8 月，金融高新区引进的智囊团——北京大学金融与产业发展研究中心南方基地在金融高新区正式揭牌成立。该南方基地定位于金融高新区的高端信息智力服务平台，吸纳了佛山市鸿业投资有限公司、北京中金中融资产管理有限公司、广东现代经济研究院有限公司等社会力量。基地成立以后，当时预计为广东省各级政府部门提供金融与产业发展的课题研究与智力咨询服务；为广东企业提供企业发展与资本运营的咨询顾问服务；举办各类金融高端交流活动；开展金融、创业投资基金和股权投资基金的教育培训。

南方基地除了提供一个 PE 教育培训和高端交流的平台，还联合北大金融与产业发展研究中心北方基地做宏观及区域金融战略的研究，比较各地金融高新区及地方政府对 PE 政策，为佛山成为 PE 中心城市出谋划策，还计划推动佛山民间 PE 母基金的成立，以 FOF 的方式促进更多优质 PE 的发展。

选种育苗：我有资本，你有好项目吗？

经过改革开放四十多年的发展，南海很多企业的发展都遇到了“天花板”，需要创业投资和私募基金的支持。而随着企业的发展，南海不少企业主也成功积累了不少财富，手上掌握着大量闲置资金，却苦于找不到好的项目投资。2011 年南海约有 2638 亿元存款余额和 80 亿元的待投资本，但活跃在此的 PE 项目和 PE 机构数量、管理的资金规模却极不相称，因此在南海做私募风投等是有大市场空间的，既能促进转型升级，又能实现资产的保值增值，是个双赢的结果。正是在这样的背景下，金融高新区提出了打造中国最佳私募和风投聚集区的目标。

为了进一步吸引私募和创投机构落户，佛山南海区政府于 2011 年 7 月印发了《佛山市南海区促进私募基金发展扶持办法》和《佛山市南海区规范管理私募股权投资企业发展办法》，对私募股权及风险投资企业在金融高新区聚集发展进行有效扶持和规范引领。根据以上规定，2012 年 12 月 31 日之前，属于行业创投机构 50 强或私募机构 30 强的机构落户均可享受落户奖励，上限为 1000 万元；私募创投机构在购买或租赁办公楼时均可享受高额补贴。该扶持办法还对私募创投机构高管人才和骨干人员予以重点支持，对这两类人员可按其对南海的财税贡献给予奖励，在医疗、户籍、子女教育方面可享受优惠政策。

然而随着私募和风投机构的进驻，企业与投资机构之间并没有立即擦出火花，产业与资本的联姻仍属少数，即使有达成合作的项目，前期洽谈的时间跨度也相当漫长。这背后的原因主要还在于双方之间的“不信任感”：一方面，由于企业更多专注于技术的研发和市场营销，对于金融的运作并不太懂，一般来说，小企业对私募风投的介入有很大的戒备心；另一方面，私募、创投机构在与企业进行沟通时也存在信息不对称、渠道不通畅的情况，因此会在双方之间形成一层无形的隔膜。要打破这层隔膜，需要进一步营造金融服务的氛围，通过金融知识科普以及研修班等形式给企业家“洗脑”，还需要政府在引入私募、创投机构时进行仔细考量，筛选能真正对本地企业有所帮助的机构进驻。

为打通资本与产业之间的阻隔，2011 年 8 月 31 日，首批 100 家“选种育苗”计划企业、南海区金融机构及私募创投企业负责人共计 300 余人见证了南海“选种育苗”行动计划的顺利启动。此次实施的“选种育苗”计划，是指政府选择和引进一批技术含量高、成长性强、市场前景好的企业，重点加以扶持，通过市场化机制，合理配置政府资源、撬动社会资源，尤其是风险投资、产业股权投资基金等金融资源，对这批优质企业予以重点扶持。根据计划实施方案，到 2013 年，南海将引进和培育 200 家新兴产业企业，其中 30 家上市后备企业，10 家上市企业，造就一批“科技小巨人”和行业“隐形冠军”。新型显示、新光源、生物医药、节能环保、文化创意、新材料、新能源、高端装备等 8 大产业集群基本形成，新兴产业成为南海的支柱产业。

不同于之前出台的“雄鹰计划”是为了做大做强企业，这次的“选种育苗”计划更多针对的是新兴产业的中小企业，在企业还是“种子”阶段时为其提供扶持和帮助。“选种育苗”计划的选育对象包括“选种育苗行动计划重点企业”和“选种育苗行动计划战略合作机构”。纳入选育对象的企业，必须是在南海工商管理部门依法登记，具有独立法人资格且由中方控股，且营业收入在 1500 万元以上，4 亿元以下的中小企业。与此同时，该企业必须拥有一定的知识产权，或掌握核心技术；重视技术研发、产品创新和商业模式创新。有优秀的管理团队、较强的市场开拓能力和较高的经营管理水平。若是经区有关部门认定，符合南海产业发展规划，产业带动能力强的新注册企业，条件可适当放宽。而战略合作机构则主要指银行、创业投资、私募股权、融资租赁、贷款担保、小额贷款等金融机构，且为自愿申报，并接受选种育苗行动计划管理机构的协调管理。此外，若企业或战略合作机构存在不良信用记录，或有重大违法违规行为，将实行“一项否决”，不可享受相关优惠政策。

在“选种育苗行动计划”中，南海区将建立上下联动、政企互动的工作推进机制，对重点企业和战略合作机构进行专人的跟踪服务，并通过信息资源共享、政策奖励扶持等措施，推动科研院所、科技企业、股权投资及银行机构等建立基于商业原则的合作关系，逐步形成政府引导、企业主导、系统开放、市场化配置资源的运行机制。（见图 8－1）

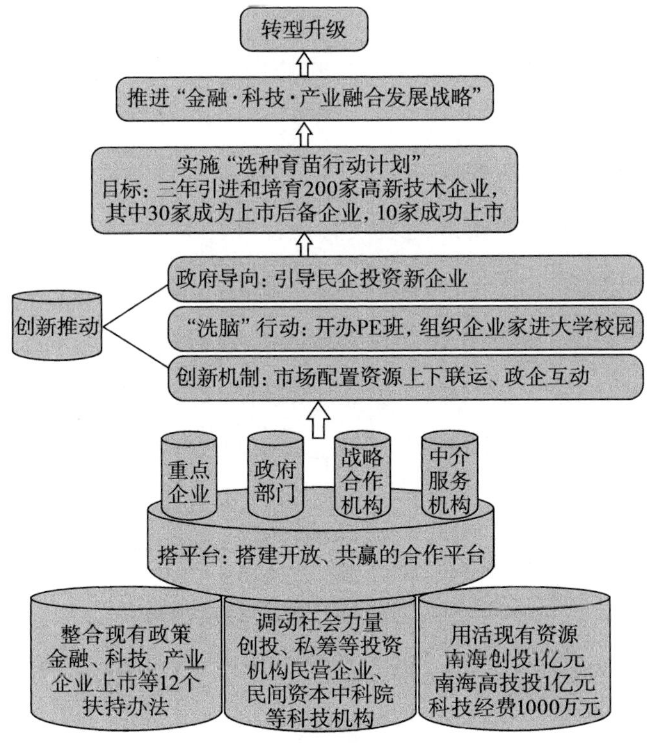

图 8－1 选种育苗计划示意图

“沥桂一体化”双镇合璧

从荔湾到白云再到花都，分别对应着南海的桂城、大沥和里水 3 个镇（街）。自南向北，广州与佛山两大城市有着漫长的接壤线，成为广佛同城的核心地带。虽是比邻而居，但广州与佛山的发展模式却迥异，前者已是国际化大都市，后者则正处于从工业化向城市化转变的关键时期。两市如何融合，不仅需要交通等基础设施的对接，更要在经济发展模式上进行深度融合。

千灯湖畔在行政区划上属于南海区桂城街道，与广州荔湾区芳村接壤。而千灯湖往北跨过佛山水道，则是素有“中国铝型材第一镇”之称的大沥镇，这里又与荔湾区老西关一带邻近。从大沥镇再往北，则来到了南海区里水镇，这里与广州白云区和花都区接壤，被誉为广州新居住区的金沙洲其实就有 1/3 的面积属于里水镇。

这三个镇街构成了南海区东部片区，是南海经济发展的主战场，其中，仅大沥、桂城两个镇街的 GDP 总量就达到 600 亿元，占南海的 1/3。未来随着金融高新区的发展，沥桂片区 GDP 将很快会超千亿元。因此，南海东部 3 个镇街的发展不仅决定着南海的城市品质和城市化水平，在某种程度上更反映出广佛同城的深入程度。

2011 年 2 月 18 日，粤港金融·科技园在千灯湖畔奠基的同时，广佛智城和珠江科技数码城两大项目也在南海区大沥镇和里水镇奠基。广佛智城项目占地 393 亩，总投资约 20 亿元人民币，整体设计以“智慧”和“生态”为主线，着力为大沥庞大的民营企业群体提供一个具有创新引导、展示销售、商务办公、商务休闲和交流等综合功能的平台，推动民营企业加强教育培训、相互交流，使该项目成为“聚智”的华南民营企业总部。

另一项目珠江科技数码城占地约 96. 04 亩、总建筑面积接近 20 万平方米，总投资 7.5 亿元，将搭建集金融服务、高端商务交流、生态商务办公、企业发展孵化和企业一体化销售五大平台于一体的产业发展载体。这三大项目共同推动南海产业向“微笑曲线”两端转型，从而与广州邻近区域的发展形成互动。

根据“沥桂一体化”的工作部署，南海区将在处于广佛同城前沿的东部片区发挥金融高新区的产业带动作用，通过统一规划、产业协作、基础设施对接等举措，让原有的经济强镇联手发展，打造“南海金谷、广佛客厅”。

在“沥桂一体化”进程中，“金融、科技、产业融合发展”将成为强大的助推力，其不仅将带动南海东部片区的产业与广州形成错位互补发展，更将带动南海城市品质提升，让南海全面融入广佛同城。

在具体方式上，南海将探索桂城与大沥金融和科技合作机制，引导大沥丰富的民间资本参与或组建风投、私募基金，利用已在桂城成型的金融高新区这一优质平台以及桂城的都市型产业基础，形成金融与科技相结合的产业形态，既可以反过来辐射两镇街的传统产业升级，又可以加快两镇街经济产业相融合。

同时，大沥镇又可以承接金融高新区的辐射，引领有色金属、内衣等传统优势产业的转型，重点发展现代服务业以及有色金属、内衣产业总部等经济体系，实现与桂城及周边区域的产业互补。因为金沙洲而拥有庞大广州居民群的里水镇，则提出侧重于以金融服务为杠杆，发展文化创意业和商贸服务业，扩大金沙洲的辐射范围，推动里水城区的建设。

为了更好地支持和引导“桂沥一体化”进程，南海区已计划最快在 2011 年上半年成立南海创业投资基金，以此来撬动更多的民间资本参与到沥桂一体建设中。对于即将成立的南海创投基金，2011 年南海政府公共财政已经安排了专项的启动资金，首期注册资本是 1 亿元，将由南海工资办属下企业进行运作。在汲取深圳、无锡等地创投公司运作经验的基础上，南海创投在对项目投资时投资总额会控制在10%～20%之间。政府成立的目的不在于赚钱，而是起导向的作用，给其他的私募资金或者民间资本一种导向和信心。通过有限的基金撬动丰厚的民间资本，从而为金融高新区和沥桂一体化推进带来更多的民间资本。

第 9 章　中流击水 砥砺前行

本章主要介绍了金融高新区在发展“产业金融”方面的一些重要成就和举措。首先，在金融高新区的组织架构方面挂牌设立了两块“金”字招牌，进一步明确了金融高新区“谁来管，怎么管”的问题。其次，千灯湖产业总部经济区和产业金融研究院分别提升了金融高新区产业金融发展的“硬”实力和“软”实力。经过数年的集中建设，金融高新区的金融前台发展硕果累累、欣欣向荣。本章在后半部分重点介绍了一些金融前台发展的重要成果，包括渣打银行入驻、科技金融网上超市和科技金融俱乐部的上线，等等。最后，简略介绍了在相应时期城市规划建设的相关成果。

更加清晰的双定位：后台基地 + 产业金融中心

2010 年，金融高新区创造性地提出了走“金融科技产业融合发展”的道路，开启了从后台向前台探索的历程。也正是从这一年开始，金融高新区开始建设“中国最佳私募基金创投集聚区”并取得了不俗的成绩：短短两年内，已有 59 家 PE、VC 等机构聚集，注册及募集资金额达 125 亿元，2012 年底资金规模达 200 亿元。

私募创投基金的聚集为佛山带来了大量资金，为经济发展提供了强劲动力。然而这些庞大的资本要如何使用呢？佛山经济的支柱始终是产业，大力发展金融产业实际上最终目的也还是通过金融的杠杆作用来撬动产业转型和升级，进一步优化产业发展。因此佛山的金融业态发展要明显区别于如北京的“货币金融”和上海的“证券金融”等发展模式，始终立足于产业发展。资本只有与实体经济结合，才能更好地发挥其杠杆作用和催化效应。因此，经过一年多的实践，金融高新区进一步提出了“产业金融”的定位，至此，金融高新区“金融后台基地”和“产业金融中心”的双定位发展愈加清晰。

广东金融高新区建设“产业金融”有其优势。金融高新区是广东“金改”方案 3 + 1 平台中唯一的后台服务中心，也是最早探索金融、产业融合的金融园区。更重要的是，佛山民间资本富足，2012 年上半年居民存款余额接近 5000 亿元，全国地级市排名第一，与此同时，有相当多的企业、项目为缺乏资本而苦恼。由此可见，能否撬动庞大的民间资本投向区域内的实体经济和城市建设，在很大程度上影响着金融、产业、科技的融合发展，而坚持产业金融中心的定位也为金融产业科技融合发展指明了方向。

两块“金”字招牌

2012 年伊始，金融高新区就迎来了一个好消息——省政府正式批准设立金融高新区发展促进局（以下简称“金高局”），为省直属管理机构。金高局的主要职能是统筹协调金融高新区各方利益关系，牵头抓好园区建设发展，协助规划园区产业功能布局，提升园区综合服务水平。升级前的金融高新区是省市合建项目，具体操作由南海区推进，而升级后的金高局将是省级单位为省直属管理机构。

金高局设立前，金融高新区的组织构架主要由 2010 年底正式挂牌成立的金融高新区管委会和南海区金融业发展办公室（以下简称“金融办”）共同组成。其中金融高新区管委会接受南海区政府委托（授权），履行“统一、统筹、协调、服务”四大职能，统一负责东翼片区的城市规划和整体宣传策划，深化金融高新区开发建设，统筹招商引资，协调跨镇事务，建设及服务重点项目，下设办公室、政策研究局、招商统筹局、规划局、城建统筹局 5 个部门。南海区金融业发展办公室是由于金融高新区的发展而设立的机构，设有综合科（政策法规科）、金融发展科、地方金融科（区促进企业上市和发展领导小组办公室）与金融服务科 4 个内设机构。

负责金融高新区具体发展建设的金融高新区管委会与南海区金融办这两个机构在行政级别上分别为市级和区级机构，在具体招商环节中，这样的行政级别给金融高新区的发展带来了一定的限制。由于是市、区级的行政单位，金融高新区管委会在招商过程中并不具备像深圳前海、珠海横琴、广州南沙等国家级改革试点区所拥有的政策优势，无法为企业提供同等竞争力的大幅政策优惠，只能通过良好的发展前景和便捷的金融服务来吸引企业。同时在具体操作环节中，由于很多金融企业的行政级别很高，而金融高新区的层级较低，行政级别上的不对等也为金融高新区与这些金融机构的对接和沟通带来了一些困扰。

因此，作为省直属管理机构的金高局的设立让金融高新区的发展迈上了新的台阶，让金融高新区的组织结构由市、区二元结构升级为省、市、区三级管理结构，能更好地支持金融高新区的发展。它可以免去金融高新区具体操作环节中的不少行政困扰，让金融高新区能更好地对接“一行三会”等金融机构，更加灵活通畅地与这些金融机构进行交流与沟通。同时，在招商引资上金融高新区也更有优势，有利于引进更多级别高、实力强的金融机构。

除“金高局”这一金字招牌外，5 月金融高新区还迎来了广东金融高新区投资控股公司（以下简称“金控公司”）。这一新组建的金控公司是以原南海金融高新区经营管理公司为“壳”，将金融高新区范围内现有的粤港金融科技园、承业大厦、益禾开发等公有资产和经营项目纳入其中，加以整合包装成立的。公司注册资金为 13 亿元，而总资产达 65 亿元。金控公司以北京金融街控股为榜样，完善公司化治理机构，通过专业化、市场化的运作提升园区管理服务水平，当时计划随着未来做大做强，还将争取上市。

金融高新区的榜样——北京金融街控股是一家以“城市运营和区域开发”为独特竞争优势的国有控股企业，其重要根基在于北京金融街区域的总体开发和经营管理。该公司通过北京金融街的成功开发和运营，形成了独特的开发模式——地产开发与产业打造并重，以地产开发为平台，城市区域规划、产业发展为核心，促进经济发展，提升城市品质。具体而言，金融街“开发模式”实行统一规划、整体开发，市政先行、配套完善；“组织模式”以政府主导、企业实施，政策支持、市场运作；“服务模式”为政府主体、商会平台，企业参与、社会支持。此外，在公司业务发展模式上，以商务地产开发为主导，适当持有优质物业，快速销售型项目为补充。

“金融街模式”已在重庆、天津、惠州等地成功复制，此次金融高新区成立“金控公司”正是要通过引进先进的园区发展模式，更好地统筹规划已有资源，让金融高新区发展迈上新的台阶。

金高局和金控公司这两个机构的设立，让金融高新区的组织架构更为清晰，在管理方面能更加自由灵活地行动，也为后续的发展打下了良好基础。在完善了自身组织结构之后，金融高新区着力于全面落实产业金融中心的发展定位，通过建立千灯湖总部经济区提升自身的“硬实力”以及建设广东产业金融研究院提升自身“软实力”的方式来促进产业金融的发展。

千灯湖总部经济区崛起

企业总部集中了企业的决策层和管理，聚资本、技术、人才等高端资源，对企业的战略管理、资本运作、产品创新等起着决定性作用。实践证明，企业总部能为城市带来税收贡献和大量高素质劳动力，增加城市消费需求，带动与之相配套的服务业发展，促进城市价值提升，进而显著影响区域经济发展。特别是对金融中心来说，其繁荣在很大程度上依赖于发达的总部经济。因此，引进、培育和发展企业总部及金融机构总部，有助于金融高新区进一步提升域经济竞争力并打造金融产业聚集高地。

2010 年，南海区政府在工作报告中首次明确提出“大力推进民企总部经济建设”，2012 年 8 月 31 日上午，这一设想正式成为现实——千灯湖产业总部经济区在金融高新区正式启动。在打造“广东产业金融中心”的道路上，金融高新区再次迈出坚实的一步。这一经济区计划通过三到五年建设，利用首期 1000 多亩土地，提供超过 100 万平方米的甲级写字楼载体。未来将引进国内外金融、科技企业总部，以及民营企业总部，建设一个集商贸办公、科技研发、电子商务及商业配套于一体的复合型企业总部聚集区。

从地图上看，千灯湖产业总部经济区内有万达商务中心、佛山民营企业总部大厦、佛山市电子商务产业园区、粤港金融科技园、国际金融信息科技产业园、C 时代软件产业园等总部平台及产业载体项目。当时预计随着众多项目的建成和企业进驻，将汇聚过百亿元产值。而一旦总部经济区实现预期，随着初期数以万计的现代服务业从业人员的入驻、千灯湖商圈以及其他配套设施需求的满足，产、城、人融合发展也指日可待。

长期以来，珠三角作为全球制造业中心，大量的制造业企业长期依赖出口，为国际品牌做来料加工，贴牌生产，并且已经形成了惯性。随着金融危机、欧债危机的到来，为欧美企业做代工的模式难以为继，出口疲软，国际市场疲弱不振。在这样的背景下，一批优质的珠三角本地民营企业开始寻求突围，并且重新审视企业自主品牌的建设。对于这些中小企业来说，进驻千灯湖产业总部经济区，可以在一定程度上提升其品牌形象，提升企业对高端人才的吸引力，更有希望实现与金融机构的长远对接，降低企业的融资难度。

出口转内销以后，许多企业开始布局自己在国内市场的销售总部、研发总部和渠道网络的建设，而销售渠道建设则可以通过电子商务平台来补齐短板。因此，千灯湖产业总部经济区规划有“佛山市电子商务产业园”，提供电子聚集发展平台，为本地优质企业提供网上销售、网上品牌传播、网上物流配送等互联网服务，大力支持民营企业的产业发展和转型升级。

南海区有很多企业经过多年的发展，已积累了丰富的资金，产品可能也已经畅销国内外，并在国内外市场积累了一定的知名度和美誉度。但由于生产成本等因素，这些企业总部往往位于偏远郊区等地，当客户想要参观考察时，公司办公楼的外观却并不讨喜。同时由于地处偏远、交通不便，周边配套设施也往往不完善，因而很难留住人才。千灯湖产业总部经济区的成立为企业提供了一个非常好的选择，既能提高公司形象又能更好地留住人才。

在硬件设施建设方面，总部经济区当时计划采用“产城互动”的建设理念，所建设的写字楼将是多样性、梯度性、差异化的，能满足各种企业的需求。按土地性质，有国有的，也有集体所有的；按产业需求分，有后台中心、研发基地等。按照实际需求，有什么样的产业，就有什么样的物体载体形态，从而有什么样的城市。

在吸引人才方面，由于人才是产业发展的核心因素，为留住高端人才，尤其是金融方面的人才和高管，千灯湖产业总部经济区建设了高端人才所需要的城市配套、教育学习、文化娱乐设施等完善的设施，得以真正实现人才的安居乐业。以总部经济区的益禾人才公寓为例，到

2013 年底，该项目可优先为在金融高新区进驻企业稳定就业的员工及其家庭提供各户型公寓共 1643 套。同时金融高新区也兴建了其他医院、学校等配套设施，南海区政府也出台了多项人才支持和奖励政策。

产业金融智囊团

如果说千灯湖产业总部经济区的建立为金融高新区产业金融的发展提供了硬件基础和配套设施，对金融高新区“硬实力”的提升起到了巨大的促进作用，那么广东产业金融研究院的成立则为金融高新区发展产业金融提供了不可或缺的“软实力”。

经过改革开放四十多年的发展，佛山已步入工业化后期或后工业化初期，城市发展必须更多地倚靠金融资本、科技创新等“软实力”来推动。近年来，佛山提出了推动经济增长方式转变的多种并行路径，而金融、产业的融合就是其中非常重要的一条。金融高新区大力发展产业金融，致力于建设“广东产业金融中心”，就是这一路径的重要体现。而产业金融中心的建设，不仅需要完善的硬件设施，还需要产业金融理论研究的指导。只有充分了解国内外产业和金融发展状况，正确把握佛山产业金融发展特点，才能制定出适合佛山的发展规划、为产业金融的发展指明方向。在此背景下，金融高新区大力筹备了广东产业金融研究院，邀请到众多国内外重磅金融专家学者为佛山产业金融发展作为智囊。

广东产业金融研究院为开放式研究平台，为广东产业金融创新发展及广东产业金融中心建设提供智力服务和战略支持。研究院拥有一流的研究团队，成立时以时任中央民建副主席、原副省长宋海为院长，广东金融学院院长陆磊为执行院长，领衔中投公司副总经理谢平、中金公司董事总经理黄海洲、野村证券中国区首席经济学家孙明春、汇信资本有限公司董事总经理叶翔、越秀金融集团副总经理苏亮瑜、北京大学经济所常务副所长冯科、中山大学行为金融与金融经济学研究所所长陆家骝、华南理工大学经济与贸易学院副院长田秋生、暨南大学经济学院院长、金融研究所所长刘少波等国内外知名金融专家学者加强产业金融理论研究，可为广东产业金融创新发展及广东产业金融中心建设提供智力服务和战略支持。

产业金融研究院及其秘书处设在广东金融高新区，在组织形式上是一个开放性的研究平台，立足广东的实体经济和金融资源，目标是打造在广东专注于产业金融研究的高端智库。其职责主要有三项：为广东乃至全国产业金融发展提供理论依据和学术指导；为金融高新区创建“广东产业金融中心”和“国家产业金融试验区”提供智力支持；为金融机构产品创新及企业投融资需求提供专业服务。

在运行模式及研究课题方面，研究院计划定期或不定期地根据最新的金融政策指引设立若干个研究课题，实施课题导向制和专家顾问负责制，通过学科方向牵引方式，实现学术资源优化整合，创建一个开放式合作的创新研究群体。同时，研究院计划每年召开一次圆桌会议，发布年内有国际影响和国内领先的产业金融研究项目，并研究调整或增收新的学术研究及日常管理人员。成立之后，研究院计划围绕金融资源配置、金融未来对企业渗透等方向进行课题研究。

广东，特别是珠三角地区，拥有发达的经济基础和产业基础，而且工业经济、民营经济、规模经济在不断发展和壮大，并形成了一种良好的发展态势。在此背景下，广东产业金融研究院的成立非常具有前瞻性，不仅牢牢把握了发展实体经济这一坚实基础，也为广东产业金融发展和经济转型升级提供智囊支持，为广东乃至全国产业金融发展提供理论依据和学术指导。

经过长期筹备，广东产业金融研究院于 2013 年 2 月 18 日正式成立，众多国内外知名金融专家出席了此次成立大会暨首届全体会议，同时，近百位私募创投界嘉宾、科技型企业负责人和海外归国团队代表也受邀参加了活动。会上越秀金融、中金和中国投资有限责任公司有关专业人士分别做了精彩的主题演讲，主要内容涵盖了金融危机后的世界宏观经济和金融行业的未来发展趋势。如此众多的知名金融专家的加入和参与，不仅能为金融高新区产业金融发展提供智力支持，也从侧面反映出金融界专业人士对金融高新区产业金融发展前景的认可与期待。

渣打银行进驻：蛋糕越做越大

2012 年 2 月，经过一年多的筹备，首家入驻佛山的外资银行分行——渣打中国佛山分行在金融高新区正式开业。自 2010 年 4 家港资银行在佛山开设异地支行后，这次渣打银行又在南海设立分行，使外资银行在佛山的投资规格又上升了一个层次。这些外资银行和港资银行的进入会对中资银行形成竞争，从而使百姓享受到更好的金融服务。渣打银行的落户对佛山金融业的发展是一个巨大的鼓励，也有助于提升金融高新区在金融业界的影响力和辐射范围。

事实上，渣打银行最初是在 2010 年以后台运营中心的项目引进金融高新区的。在运营中心成立后不久，渣打银行切身体会到了金融高新区优渥的政策优惠和巨大的市场潜力，决议开设佛山分行，在本地市场提供银行前台金融服务。渣打银行的案例是金融高新区立足“双定位”，坚持“两条腿走路”的成果展现，也是“从后台到前台”滚动发展模式的生动说明。

渣打银行佛山分行的进驻是金融高新区落实粤港金融合作的代表，同时非常好地反映了金融高新区金融后台发展带动前台进驻的发展模式，也充分肯定了金融高新区坚持金融后台基地建设的定位。据悉，渣打银行并不是一开始就决定要将其前台业务放在金融高新区，最开始进驻的只是其后台业务，但随着后台业务的不断扩大以及金融高新区优惠政策的吸引，渣打银行最终决定在金融高新区设立佛山支行，将其业务范围从后台延伸至前台，将其在金融高新区的业务蛋糕越做越大。

进驻金融高新区后，渣打中国佛山分行开始以各类型企业和中高端个人客户作为开展业务的重点。“今后，渣打中国佛山分行还将为佛山本地的中小企业客户提供贸易结算、现金管理和融资等专业化服务。同时，在个人银行领域，为客户提供创新人民币和外币金融服务。佛山经济的强劲增长以及制造业带来的庞大贸易流动酝酿着巨大的商机。渣打银行在全球有着强劲的网络，落户佛山能很好地满足客户的金融需求。”渣打中国高层表示，佛山是珠三角的经济重地，是众多外商投资企业及民营企业的大本营，而佛山分行是渣打银行在中国开设的第20家分行，当时预计未来的发展中，渣打银行将结合佛山本地的特点，利用其全球网点的优势，为本土企业提供更多的服务。

渣打银行进驻金融高新区后便取得“开门红”，一、二季度客户数量、营业额连续翻番，开业半年即“打平”，开始赢利。2012年6月，该行成立中小企业服务中心，成为当时佛山所有外资银行中唯一一家专门成立中小企业融资部门的银行。而后该行更是在外资行中率先推出无抵押贷款，该服务对于不少企业来说无疑是雪中送炭。例如，当时南海区一家从事化工原料的商贸公司遭遇资金周转困难，通过在渣打佛山银行获得一笔80万元无抵押贷款，及时“输血”，公司当年营业额有望增长100%。

截至2012年8月底，渣打银行佛山分行的个人银行业务量实现翻倍增长，中小企业业务则实现了70%的增长。而渣打银行佛山分行的成功是金融高新区金融机构的一个缩影，也证明了金融高新区的金融投资价值，而这种金融投资价值的显现正是“产业金融”的最大底气。除渣打银行外，几乎所有的外资银行都已经在南海开设分行或者支行，外资银行扎堆南海，其背后是金融高新区金融投资价值高地的“虹吸效应”，同时这些外资银行也为南海乃至佛山中小企业带来了有别于中资银行的金融服务产品和理念。例如，渣打银行的一个创新就是将中小企业划分为个人银行客户，这样可以使每一位客户服务经理都能够独立提供一揽子可供客户选择的产品线，包括流动资金贷款、贸易融资、房产抵押类贷款、无抵押小额贷款及即将推出的设备抵押类贷款，并提出融资解决方案。

中小企业发展快车道

2012 年 5 月 4 日召开的金融高新区建设暨南海区金融工作会议上，南海区提出将金融高新区建设作为全区金融工作的重中之重。尽管五年来金融高新区从无到有、由小变大，已初具雏形，但仍需时刻拥有紧迫感和危机感。相关建议提到，一方面，南海正值“十二五”开局和“三大平台”建设重要阶段，金融工作和金融高新区建设也迈入转型关键期；另一方面，省内外区域竞争形势逼人，肩负重任的金融高新区正面临前所未有的压力和挑战。为了更好地应对这些压力和挑战，会议还印发了《佛山市南海区促进金融服务实体经济的实施意见（征求意见稿）》，提出了增加中小企业信用担保基金、设立创业小额贷款补贴专项资金等诸多“实招”，助推金融服务于实体经济。

根据该实施意见，2012 年南海中小企业信用担保资金将增至 2 亿元，在一定额度内对银行、担保、保险等机构开展中小微企业贷款业务或创新型金融产品可能产生的风险进行补偿；另外，鼓励中小微企业通过融资租赁方式进行融资，对企业通过本地注册的融资租赁公司租赁生产设备的给予融资金额 1% 的补贴。此外，2012 年南海还将设立首期 200 万元的创业小额担保贷款资金，对符合条件从金融机构获取创业贷款启动资金的创业者提供贴息支持。

谈到促进中小企业发展，不得不提到的便是被誉为中小型企业上市的孵化器和进入资本市场快车道的新三板。“新三板”即“非上市股份公司代办转让系统”，是专门面向高成长的科技型、创新型非上市股份公司进行股权挂牌转让和定向增发融资的交易平台，具有门槛低、成本小、规范化等特点，其制度和程序设置十分有利于中小企业挂牌上市。

2012 年新三板再次传出利好消息，8 月 5 日证监会宣布国务院批准新三板扩容。而在新三板正式宣布扩容前，南海区便已经做好了准备。在本次金融高新区建设暨南海区金融工作会议上，南海区提出 2012 年将以南海高新区、天安数码城、瀚天科技城等载体为重点，按照与创业板、中小板和主板同等扶持力度，为新三板的上市后备企业开设“绿色通道”，特事特办，集中力量全力帮扶企业在新三板挂牌上市。接下来南海将对区内企业资源展开摸底调查，确保能有 10 家企业进入第一批扩容挂牌申报，年内有 30 家企业进入新三板重点后备企业资源库。会上也提出，2012 年南海高新区将与金融高新区互动融合，除了加强项目资源对接，还将携手力争新三板第一批扩容试点落户南海。

“线上”“线下”齐发展 金融对接不打烊

2012 年 8 月 20 日，在“2012 千灯湖科技金融创新交流会”上南海正式启用科技金融网上超市和科技金融俱乐部。历经五年发展，金融高新区提出打好“亚太金融后台基地”与“广东产业金融中心”两张王牌。产业金融意味着科技、产业与金融的深度融合发展。而科技金融网上超市和俱乐部，是继年度举办的金洽会后，推动产业金融的常设平台。

在之前两年中，南海已成功举办两届金洽会。以 2011 年金洽会为例，当年 12 月，2011 中国（广东）金融 · 科技 · 产业融合创新洽谈会如期举行，此次金洽会上，共有涉及 7 个项目的 10 份投资意向合作协议签订，可谓成果丰硕，然而一年仅一次的金洽会仍然难以满足金融机构与企业的合作需求。此次交流会意在延伸金洽会效应，使科技型企业与金融机构的交流对接常态化，打造永不落幕的金洽会，也为金融高新区打造“广东产业金融中心”拉开了序幕。

科技金融网上超市旨在畅通企业与金融机构间的信息沟通渠道，实现产业金融无缝对接。在科技金融网上超市，企业的基本信息要素和融资需求可即时发布，而金融机构也可以在线展示其金融产品和服务，从而打破企业与金融机构的信息不对称。通过该平台，政府部门还能实时掌握科技企业投融资过程中存在的困难和问题，为制定有针对性的解决方案提供依据。此外，网站还开设了科技金融动态、政策法规、产业载体和公共平台介绍等栏目，能让企业更加便捷地获取所需信息。

网上超市的线上活动能让企业和金融机构实现通畅的信息沟通，然而要取得实质性的交流与合作仍然离不开线下活动的支持。因此，除科技金融网上超市外，金融高新区还打造了线下的科技金融俱乐部。根据科技金融网上超市反馈的信息，科技金融俱乐部将定期举办路演、讲座、沙龙等形式的线下交流对接活动，推动企业与金融机构更加深入了解，并将科技金融常态化，与科技金融网上超市结合，实现科技金融线上线下对接的有机结合。

金融高新区“融会贯通”

2012 年伊始，海八路金融隧道正式通车，市民驾车不到 15 分钟就能到达广州芳村。而这条佛山市史上最长、最宽的隧道工程，不仅打通了广佛间的快速通道，还作为一项城市综合配套工程，地下地上联动开发，联通了金融高新区几大片区，催化着南海实现了地下空间的开发。

划分为 A、B、C、D 区的金融高新区，在金融隧道未开通以前，位于南段的 D 区被车流量巨大的海八路与其他 3 区分隔开来。当前金融高新区 A 区已在如火如荼地建设中，B 区部分物业也开始建设，C 区拆迁也已开始，而隧道通车后将金融高新区的建设形势延伸到 D 区，让整个园区都活了起来。

海八路隧道备受关注的焦点还在于其地下空间的开发。该工程负一、二层计划分别设置地下商场和公交的士停靠站、地铁出入口和地下停车场，拉开南海地下空间开发的序幕。海八路隧道作为金融高新区的核心配套项目，通过地下地上联动建设人行步行系统，把金融高新区 4 个片区连为一体。地下空间也不只是专注交通方面的单一功能开发，而是综合功能的开发，还包括商业部分。

隧道建设完工，也意味着上盖部分规划建设的南海金融广场建设启动。这个继千灯湖后的南海新城市地标，逐渐成为佛山市金融、商务、差旅和城市文化生活的核心区，其完善的城市环境也逐渐带动周边的产业载体朝国际化、高端化方向发展。除金融隧道以外，贯穿金融高新区的新交通也计划动工，并逐步完善辖区内的公交系统、自行车系统。随着 A 区部分项目的相继建成投用，配套设施建设也在加快推进。2011 年底，人才公寓第一期 2 万多平方米已经投入使用，此后继续建设 7 万 ~8 万平方米，让金融高新区成为一个完善的产业社区。

第 10 章　丰富金融业态 打造多层次资本市场

2013 年对金融高新区的发展来说是硕果累累的一年。在金融后台建设方面，德迅和毕马威两大后台项目经历了将近一年的谈判，正式入驻金融高新区，友邦保险在经历了数年的基建后也于同年正式开业。在产业金融中心的建设中，金融高新区于 2013 年争取到了 3 个重要平台：全省第二条民间金融街；全省第三家、由省金融办特批成立的广东股权交易中心；以及深交所下的全资子公司全景网路演中心。我们将重点介绍这 3 个平台，探讨和记录其建立的原因及背景，对金融高新区的发展的作用和意义。

2013 年的工作是以一场闹剧开始的。接连一段时间内，金融高新区金融办公室接到了许多投资者打来的电话，咨询关于香港嘉祺金号有限公司和广东嘉祺金号有限公司与金融高新区的关系。据称，该公司总部设在香港，而广东分公司则是“经广东省政府同意、省金融办批准进驻金融高新区”。不仅如此，该公司还堂而皇之地留下办公地址：佛山南海桂城南平西路 13 号承业大厦。然而，金融办经过调查，发现该公司并非金融办招商合作企业，甚至连租用的办公地址都是虚构的。调查过后，金融高新区管委会办公室发布了一项声明，在阐述调查事实的基础上，着重提醒了公众与投资者防范金融诈骗。

2013 年，全国各地各类金融诈骗案件层出不穷，随着公安机关和央视媒体的调查和曝光，更多的诈骗活动浮出水面。经济发达的广东省，尤其受到金融类诈骗的“青睐”，一些机构打着投融资旗号进行各类非法集资活动，事实上采用的还是100多年前庞氏骗局的套路，然而却屡试不爽。2013年初的这场闹剧，一方面说明金融高新区的规模、发展速度和声望不仅获得了一众企业的关注，也吸引来了一些妄图沾光吸血的骗子。另一方面，这次事件也向管理者提出了新的问题：在高速发展金融产业的同时，如何处理金融风险，尤其是声誉风险的问题。金融高新区所承载的，不再仅仅是区域发展的责任，还包括在复杂的行业发展环境下做好治理与监管。而其所服务的对象范围，也不再仅仅是区内的企业，还包括更广泛的本地居民和公众。

抛开年初的这一段“小插曲”，金融高新区在2013年办成的第一件大事，是正式成立了广东产业金融研究院。广东产业金融研究院是一个开放式研究平台，其成立的主要目的是为广东产业金融创新发展及广东产业金融中心建设提供智力服务和战略支持。当时，广东省政府明确了金融发展的5条主线，分别是国际金融、科技金融、产业金融、农村金融、民生金融。早在2010年的金洽会上金融高新区就明确了建设产业金融中心的定位，而此次成立的产业金融研究院，就“产业金融”方向的理论和实践展开研究，探索金融高新区所在的珠三角核心独具特色的金融产业发展道路。

产业金融的发展道路可以说是历史的必然选择。2012年，广东的GDP达到了5.7万亿元，毫无疑问地位于全国首位，而珠三角地区作为广东省经济发展的发动机，贡献了绝高占比的GDP。佛山作为珠三角地区制造业的龙头，具备着雄厚的产业基础，这也为产业金融的研究与发展创造了前提。然而，随着世界经济格局的风云变幻，佛山的传统制造业也面临着增长上限的威胁，谁也不知道在当前的国际形势下制造业的生存空间还有多少。从城市发展的角度来看，已经步入后工业化的佛山，常年依赖于传统制造业的推动，环境、能源、土地和劳动力均已接近承载的临界点，亟须寻找新的发展模式与经济增长点。而金融与产业的融合发展，一方面可以为佛山传统优势企业的升级转型提供必需资金，另一方面可以为广大中小微及新兴企业提供更多的发展机会和融资途径，对于城市经济的多元化发展大有裨益。方向明确了，接下来的关键问题就是产业金融的道路应该怎么走。

在广东金融研究院的成立仪式上，越秀金融、中金和中国投资有限责任公司有关专业人士分别做了精彩的主题演讲，主要内容涵盖了金融危机后的世界宏观经济和金融行业的未来发展趋势。这些演讲为产业金融的发展路径和方向描绘了一个大致轮廓。2010 年金融危机刚过没多久，世界各国均采取了强有力的经济刺激政策，使危机后的世界经济在短期得到了较快的恢复。然而，从 2012—2013 年的经济数据来看，世界金融危机的冲击和影响还远未结束。世界 GDP 增长率在 2010 年即已恢复到了危机之前的 4.35%（2009 年为 - 1.7%），然而 2011—2013 年，经济增长持续放缓，世界 GDP 增长下滑到 2% 的水平。同样不乐观的数据还包括世界贸易总量，虽然 2010—2011 年度获得了较大的恢复，但是 2012—2013 年度贸易总量的增长速度依然远不如危机之前的水平。可以说，2013 年的世界经济，处在低速震荡，恢复缓慢的过程中。宏观经济学家对未来各国经济的发展趋势尚未能达成一致的意见。乐观者认为美国经济已然度过低迷，即将加速；而一众发展中国家及新兴市场在危机中并未受到重创，可以轻装上阵，重新出发。不同的声音则认为，欧元区的问题，尤其是主权债务问题依然比较严重，世界范围内的科技与产业的发展并未获得重要突破，全球经济并没有获得新的增长点，因此近年内世界经济恐怕还会继续维持低速增长。虽然经济发展的未来不易预见，但金融危机带来的教训却是可以总结的。美国金融领域爆发的危机，扯开了前沿金融行业的“遮羞布”，使行业发展的诸多弊端和问题都暴露了出来。对这些经验的总结，有助于金融高新区选择适合自己的金融产业发展道路。

具体来说，类似美国、日本和德国以大型银行为中心的金融体系，已经暴露出了许多问题。最为人所知的即是大而不倒（Too Big to Fail），大型银行由于牵连的利益相关者太多，其倒闭所造成的社会影响和经济冲击将是任何国家的政府都难以承受的。因此在大型银行面临经营危机的最后关头，政府总是会想办法进行干预，使其能够继续经营下去。而银行的实际经营者一旦意识到这一点，就会更加倾向于进行高风险高回报的经营活动。因为如果风险不发生，高风险经营所获得的超高回报将全归自己所有，而假如风险发生了，最后则由政府、实则为公众来为其埋单。此次金融危机中，美国政府就对这些大型金融机构进行了大量的财政拨款，用来收购其不良资产。这相当于是用纳税人的钱为大型金融机构的冒险行为埋单。

大型银行为中心的金融体系存在的另一个问题是融资渠道和模式太过单一。商业银行作为传统的金融中介，在配置金融资源的过程中能够很好地起到降低交易成本和消除信息不对称的作用，但其经营模式却存在着一定的局限性。尤其是对于大型银行来说，随着规模的扩大，其内部流程和运作模式将不可避免地僵化。这种僵化一方面会拉长从客户市场到决策层的反应链条，降低大型银行满足日益复杂融资需求的能力；另一方面会造成银行对于大客户，尤其是在中国对大型国有企业、大型企业类客户业务的依赖。这种逆向选择的存在使具有迫切融资需求的中小型、创新型、轻资产类型的新兴企业难以获得金融资源，而银行间对于大客户的竞争却非常激烈。最后，“不接地气”的大型银行使个人金融、农村金融等关系到国计民生的领域难以获得真正的发展。在这种情况下，无论对社会经济、金融体系还是银行自身经营发展都是弊大于利。

金融高新区所选择的产业金融方向，不应将主要力量集中在建立大型银行为中心的金融系统上，而应致力于打造更加丰富、多元、深层次的金融生态体系。除了传统的银行贷款市场，还应着力建设业态丰富的资本市场。银行的传统运作模式在这里也将发生调整变化，由向大型企业的贷款融资更多转向中小企业、家庭甚至个人的贷款。银行业务的小型化趋势，在整个金融领域里都是可以预见的，如新型的贷款公司、担保公司、保理公司、乡镇银行，等等。传统的金融服务将越来越难以满足现代客户的多样化要求，这也是金融创新得以推进的原因。从提供标准化的金融服务走向提供定制化的金融服务，应该是产业金融发展的特点之一。

基于这样的想法，金融高新区提出了以产业尤其是先进制造业为核心，纵向是与“城市、人才”融合，横向是与“科技、金融”融合。亦即“产、城、人”和“金、科、产”的双向融合目标。产业与科技的结合，是推进传统产业升级转型，保持佛山产业优势地位的主要手段。然而仅仅是科技和产业结合还不够，必须再加上金融。金融、科技、产业的融合，也传承了“资本之光照耀产业高地”的理念。

2010 年提出的金融、科技、产业结合，就是要打造广东产业金融中心，这个中心是为制造业服务，为新兴企业服务，为传统产业的升级转型服务。2013 年，金融高新区已经集聚了大量的运营中心、呼叫中心、数据中心、备份中心、研发中心等后台机构。早期提出的“广州做前台，佛山做后台”的定位目标已经基本完成。

产业金融的发展道路选择，不仅能够有效地扬长避短，充分利用佛山在珠三角地区的产业集群优势，也明确了金融行业发展必须以实体经济为基础的关键定位。当时整体经济普遍存在“脱实向虚”的倾向，很多企业认为金融行业赚钱很容易，而做实体经济投入高、难度大，竞争激烈、回报慢。这种虚拟经济和实体经济之间不公平的竞争与发展环境造成了很多做实业的，都想去做房地产和金融，最终的结果反而是实体经济的根本被动摇，难以通过虚拟经济来获得良好的发展，而虚拟经济则成了投机经济。这对于产业发展、区域发展、城市发展都无疑是有害的。

金融、科技、产业的融合发展，则是咬定佛山制造业的“青山”不放松，努力为实体经济创造良好的发展平台和路径，使更多的中小型企业、民营企业做大做强，使有条件的企业“走出去”，实现跨国经营。佛山的实体企业能够获得更好的发展，不仅能使本土的金融产业发展获得丰饶的土壤，还会吸引周边广、深的优质金融资源来为佛山的实体经济服务，从而形成良性的正向增强循环。

在搭建金融体系的过程中，需要深入思考佛山产业经济的环境和发展特征，有针对性、有目的性地推动金融行业的发展。佛山的金融行业，不适宜模仿大银行为中心的模式，而是应该充分利用民间的重组资本，探索具有创新性的，也更加灵活高效的融资模式。2010 年以来大量引进的 PE、VC 基金，为打造金融高新区丰富的金融产业生态培育了丰富的土壤环境，2012 年的机构和制度建设为产业金融的发展建立了框架。经历了数年积累，2013 年金融高新区的产业金融建设厚积薄发，迎来了一波小高潮。其中第一个重大成果就是民间金融街成立。

民间金融街与饱受争议的小微贷

2013 年 4 月，省金融办带队来到金融高新区，实地调研指导民间金融街的建设工作。同年 6 月，当时的政府高级领导也专程来到民间金融街进行调研，佛山市有关市区领导陪同。省、区、市三级政府的高度关注，充分说明了民间金融街的战略布局对于金融高新区发展的重要性。民间金融街的建设工作接近尾声，当时预计年内就可投入使用。正如前文所分析的，佛山的实体经济不能单纯地依赖传统的以大型商业银行为中心的金融体系，大量的民营经济和中小微企业并不是大型银行的主要目标客户。产业金融的发展战略更是要求金融产业立足于本土经济，为当地企业提供合适的金融服务。民间金融街正是这一战略的承载与体现，大量、多种多样的民间金融机构将汇聚在这里，包括小微贷、典当、担保、期货、证券、财富管理和珠宝交易等，这些民间金融机构的入驻将形成巨大的金融产业集聚效应，整合社会和民间金融资源，为中小企业及居民个人提供源源不断的创新融资产品和服务。

佛山的民间金融街是广东省的第二条民间金融街，第一条是在广州市越秀区长提大马路。作为全省第二条民间金融街，金融高新区的民间金融街并不是一个简单的翻版。举例来说，注册再金融高新区民间金融街的小贷公司，可以做佛山全市范围内的业务，而在广州民间金融街注册的小贷公司，只能做注册区内的业务。不过广州的民间金融街作为先行者，依然对佛山金融街的发展具有借鉴意义。广州的民间金融街基本是以小额贷款公司为核心的。2012 年 6 月 28 日，广州民间金融街首期开业，入驻各类民间金融机构及配套机构 35 家，其中就有 11 家小额贷款公司。一年后的二期开业，入驻机构从 35 家发展到 102 家，小额贷款公司占有 30 多家。从金融体系的角度讲，小额贷款公司可以与大型商业银行错位发展，部分解决金融资源错配及信用协调失灵的问题。一直以来，富饶的广东省凭借发达的民营资本积累了大量的民间资本，而相对垄断僵化的金融体制则使资本的流动受到了限制。一方面资本在寻求更高的收益和回报，另一方面大量的中小微企业及农业经营面临着难以从大型银行获得融资的问题。在金融资本供需双方的共同压力下，“地下钱庄”“高利贷”等非法机构和活动屡禁不止，无疑对金融体系的稳定和金融市场的秩序造成了干扰。面对这样的局面，民间金融街的成立使民间金融和民间资本走出阴影，在政策的扶持和引导下健康发展，更好地为实体经济服务。

民间金融街可以使各类民间金融机构形成行业集聚效应，为寻求融资服务的客户提供集中高效的民间金融市场。对于各类民间金融机构而言，入驻民间金融街也意味着政府为其提供了一定程度的信用背书，这也在无形中增加了潜在客户的信任感。当然，政府的信任背书并不是“无偿”的，金融街的准入机制对这些金融机构提出了较高的要求，除了规范化的内部管理，还包括严格的内控机制、业务审批流程和持续进行的从业人员培训。对于政府来说，小额贷款公司的集聚可以减少政府对相关行业和业务活动监管的成本，降低金融风险。更重要的是，通过对民间融资业务的统计和管理，可以形成市场公允的资本价格（利率），亦即俗称的“广州价格”，这种资本价格的作用类似于银行的同业拆借利率，公开透明的民间资本价格不仅对金融街内的同业，也会对尚未走上台面的民间资本活动产生影响，在一定程度上可以抑制高利贷的发生。从政府的角度看，掌握这种资本价格，可以更好地判断了解民间金融的发展动向，也能够通过政策手段对民间金融市场施加影响，使整个行业健康发展。

民间金融机构存在的重要意义是显而易见的。然而在其快速发展的背后，实际上也面临着许多问题。学者总结了广州民间金融街小额贷款公司的发展制约因素，对于佛山民间金融街的建设和民间金融机构的发展具有一定的参考价值。

首先，民间金融机构的资金来源问题。根据银监会和中国人民银行发布的《指导意见》规定：“小额贷款的主要资金来源为股东缴纳的资本金、捐赠资金和来自不超过两个银行业金融机构的融入资金。小额贷款公司从银行业金融机构获得的融入资金的余额，不得超过资本净额的50%。”这样的规定极大地限制了小额贷款公司的资金来源，虽然意见允许小额贷款公司向银行融资，但是考虑到小额贷款公司的企业性质和特点，向银行融资的成本无疑过高。可用资金的短缺严重影响了小额贷款公司的业务发展，2012 年 11 月底，广州金融街内的许多小额贷款公司，实际上面临着无钱可贷，“无米下锅”的境地。

其次，逆向选择的问题，虽然逆向选择是传统金融模式下不可避免的问题，在小额贷款公司却更加严重。选择向小额贷款公司进行融资的客户，多是从银行难以取得正规融资的客户。这类客户往往要么缺乏抵押担保物，要么急需用款。从经验数据来看，这类客户发生信用风险的概率也相对较高。由于征信机制的不完善，小额贷款公司面临的选择是要么只对了解背景的熟人客户进行放贷，要么收取高额的利率以弥补可能发生的信用风险。但无论哪种选择，都会影响小额贷款业务的开展。事实上，小额贷款公司在法律性质上并不属于金融机构（《广东省小额贷款公司管理办法》），而是公司性质的企业法人，因此在税收上无法享受与金融机构一样的税率，需要缴纳 5% 左右的营业税和 25% 的企业所得税。高额的税收增加了小额贷款公司的生存压力，压缩了利润空间，从而进一步提高了小额贷款的利率，简言之，就是使企业的融资成本更高了。

最后，小额贷款的业务本质，使小额贷款公司难以享受到规模效应的福利。单笔业务的额度往往较小，但是办理所需的工作量却是相差无几的。这难免会影响业务开展的效率。

针对上面的这些问题，一些学者从行业发展的角度对政府的引导工作提出了建议。首先是在风险可控的前提下适当放宽监管和限制，包括业务模式、融资渠道和单笔业务规模等。对这些方面的放宽，给民间金融机构更多的活动空间，使资金的利用率提高，从而带来行业的发展。然而，这一点涉及国家金融发展及监管政策的制定和执行，广州作为省会城市，已经在宏观政策上获得了一定程度的倾斜，而金融高新区在这方面，可能更需要来自上级机构的支持，例如，争取成为国家级民间金融改革试验区，从而获得更多的优惠政策。其次，政府应制定并实施适宜的产业政策，使民间金融机构在税收上享有更多的优惠。一方面大力支持民间金融的发展，为其搭建良好的平台；另一方面对其实施远超普通金融机构的所得税率，这无疑是自相矛盾的做法。此举不仅不利于民间金融机构的发展，降低其市场竞争能力，而且会压缩民间金融机构的生存空间。更重要的是，较重的税收终将被转嫁到顾客头上，使选择民间金融业务的客户不得不承担更高的融资成本，为其经营发展增加更重的负担。众所周知，民间金融机构向客户收取的融资利率往往高于正常融资渠道的利率，这是因为部分利率需要用来补偿更高的客户违约风险。由于税收而导致的再次“涨价”无疑会限制民间金融市场的发展，影响这些金融机构撬动民间资本，激活本土经济的作用。再次，地方政府可以在征信领域发挥更大的作用，无论是发挥政府职能，还是引导发展第三方征信系统，均可极大地改善民间金融领域信息不对称的问题。民间金融机构服务的客户群体多为轻资产，轻（无）抵押担保，基本没有信用记录的中小企业或个人，加之单个客户的业务额度较小而数量众多，这为民间金融机构收集客户信息，执行信用管理和风险控制带来了不少困难。政府机构的出面，可以大力推动客户的信用数据共享，也可以利用自身的公民数据库为民间金融机构的征信提供查询便利和参考。在提供征信渠道的同时，地方政府也需要积极搭建金融产业和实体产业之间沟通的桥梁，必要时则需要为信用良好的企业来扮演“担保人”“中间人”的角色。由政府或政府背景的组织来协助举办的行业论坛、行业沙龙等，对于新入驻金融高新区的企业来说可能是拓展业务、推广企业、自我提高的最佳途径之一。但是这种方式依然存在诸多限制，一是效率不高，二是难以市场化，仍需探索新的链接模式。最后，政府需要对科技发展、技术进步保持敏锐的嗅觉。大数据、人工智能、云处理等方向的技术进步无疑会对未来的产业发展带来巨大的冲击。大型金融机构不仅防备冲击的能力更强，而且很多机构有能力、有实力对相关领域进行研发投入。而民间金融机构由于规模偏小，单个机构力量薄弱，总的来说更容易受到技术冲击的影响。但是，小型机构的历史包袱较轻，转弯灵活，反应敏捷，在适当地引导下，可能会迎来新一轮的发展机遇。因此，对于金融高新区来说，鼓励并引导民间金融机构进行业务创新和技术革新，使科技发展和技术进步所带来的正外部性能够惠及更多的企业和个人，是政府未来的一项重要工作。

OTC市场：上市中转站 资本演练场

就在金融高新区民间金融街挂牌成立的同时，另一个备受瞩目的项目也获得了重大进展。2013年10月，广东金融高新区股权交易中心在金融高新区正式开业。广东金融高新区股权交易中心，是广东省政府正式批准营业的第3个OTC市场。同样地，广东金融高新区股权交易中心也不是一个简单的翻版。广州和深圳的股权交易中心的定位是服务本地市场，而金融高新区的股权交易中心定位则是服务全省的中小微及高科技产业。金融高新区的股权交易中心由金融高新区管理委员会牵头，联合广发证券股份有限公司、招商证券股份有限公司、广东省产权交易集团有限公司、深圳证券信息有限公司、佛山市金融投资控股有限公司、佛山市南海金融高新区投资控股有限公司共同组建，真正实现了省市共建、券商主导、市场化运作的设计思路。OTC市场的建设与布局，不仅是对民间金融街功能的补充，也正式意味着金融高新区已由外围的金融后台领域深入金融最核心的资本市场领域，对金融高新区及佛山金融业发展具有标志性意义，是金融高新区金科产融合的重要体现。股权交易中心的作用，是为非上市公司股权、债权、权益产品及相关金融产品的挂牌、转让、融资、登记、托管、结算等提供场所、设施及配套服务；为非上市公司提供咨询和培训等综合服务。广东金融高新区股权交易中心的挂牌成立，是对省内资本市场多层次框架的一次补充和完善，无论是对于本土企业，还是整个广东省金融体系的丰富与深化，都有重要意义。

实际上，OTC 市场是一个非常宽泛的说法，OTC 原本指 Over the Counter，即柜台交易的意思。相对于拥有正式交易场所的为大型成熟企业融资的全国性证券交易市场，这些新兴的规模较小的公司股票最早多在银行柜台进行销售，因此称作柜台交易市场，亦即场外交易市场。随着电子交易平台的建设和发展，场外交易市场的内涵和外延都有了新的发展，不再局限于银行柜台交易的方式。因此，仅从概念上看，资本市场即可粗略地分为场内市场（主板市场）和场外市场（OTC 市场）。事实上，大多数国家的资本市场架构和层级都要比这个复杂得多。以我国的资本市场架构设想为例，位于资本市场塔尖位置的是主板市场，也就是证券交易所，主要为大型成熟企业的融资和转让提供服务。二板市场（中小板、创业板市场）主要为处于产业化初期的高科技企业中小企业提供资金融通及股票交易服务。三板市场（新三板）则已经是场外交易市场，主要为处于初级阶段的中小型企业提供融资服务，以及资产价值评价、风险评估等。在这里，三板市场依然是全国性的股权交易平台，在此之下还有地方性的 OTC 市场，也就是区域性股权交易市场以及券商柜台市场。区域性股权交易市场主要面对本区域的企业客户，其中多是不愿或不能在主板、二板以及新三板市场上市的中小企业。可以看到，金融高新区的股权交易中心（OTC 市场）就属于区域性股权交易市场。在多层资本市场体系相对成熟的美国，各资本市场已经基本形成了金字塔型的结构，塔尖为向大企业提供股权融资的全国性市场，如纽约证券交易所；第二层是由向中小企业提供股权融资服务的全国性市场，如美国证券交易所；第三层是波士顿股票交易所、芝加哥股票交易所和太平洋股票交易所构成的区域性股票交易所；塔基的部分则是由 OTCBB 板块、粉红单板块以及灰色 OTC 股票交易市场构成的向广大中小企业提供融资服务的 OTC 市场。美国的资本市场经过多年发展，已经形成了集中与分期相统一，区域性相协调，场内与场外交易相结合的体系。高度发达的场外交易市场为众多中小微企业和高发展企业提供了股权融资途径。对比之下，我国的多层次资本市场尚处于构建阶段，规模庞大的主板市场和新兴的场外交易市场形成了一个“倒金字塔”型的结构。场外交易市场的发展还有很大的发展潜力。

从全国范围来看，广东金融高新区股权交易中心成立的时间并不算早，在其之前已经有21家区域性股权交易市场。最早的天津股权交易所，在2008年9月即已挂牌成立。然而从累计挂牌企业数量来看，截至2014年底，排名前3的分别是上海股权托管交易中心（7012家）、广东前海股权交易中心（4292家）、广州股权交易中心（2149家）。可以看到，广东省三家特批成立的OTC市场，其中两家的挂牌企业数量排在了全国前三。这在一定程度上可以说明广东省存有大量的中小企业融资需求，广东金融高新区股权交易中心虽起步较晚，但凭借珠三角区域发达的实体经济和佛山大量的本土中小型企业旺盛的融资需求，必能厚积薄发，获得高速的发展，成为区域性股权交易市场中的佼佼者。

广东金融高新区股权交易中心的成立，为本地中小企业融资提供了更多的选择。更重要的是，股权交易中心在功能定位上是企业最终上市的中转站。“一些暂时未达到登陆新三板标准或者达到标准但距离审核通过时间还较长的企业可以选择在股权交易中心进行孵化、接受其多元化、精品化、个性化的融资服务以解决现阶段迫切的资金需求，并通过股权交易中心的电子平台进行宣传推广，进一步扩大品牌效应。”由此可见，挂牌股权交易中心会促进企业发展并早日助推企业实现上市梦。可以看到，广东金融高新区股权交易中心是企业在新三板上市之前的“练兵场”。为了吸引企业在股权交易中心挂牌，南海区出台了一系列扶持激励办法，除挂牌费用的标准降至新三板的六成水平之外（交易中心开业前半年免挂牌费），还对首次成功挂牌的企业给予25万元的奖励，挂牌后企业还将按照融资情况获得额外奖励，最高奖励可达150万元。不仅如此，作为区域性股权交易市场，广东金融高新区股权交易中心对于欲挂牌企业的筛选要求相对要低一些。对于不少中小企业来说，上市要求还远未能达到，但在这里，只要企业股权清晰、一年内财务数据真实，即可实现挂牌。王文胜生动地将区域股权交易市场比作“浅水池”，将新三板比作“深水区”，而将上市比作“大海”。企业若想在资本的海洋里自由徜徉，则需从“浅水池”开始，逐渐地磨炼自我，熟悉资本市场的游戏规则。不仅如此，进入股权交易中心挂牌，企业可以得到更为专业的服务指导，包括股份制改造、培训、代理、顾问，等等，使企业更加符合更高层次的资本市场要求。广东金融高新区股权交易中心挂牌成立后，不少之前在广州、前海股权交易中心挂牌的南海企业打算转回“家门口”的股权交易中心，以享受更为便利、贴心的服务。

从OTC市场发展的角度来看，最受学界关注的依然是市场交易制度。众所周知，美国的OTC市场普遍采用做市商制度。做市商制度是指在证券市场上具有一定信誉和实力的证券经营法人（包括但不限于证券交易商、证券经营公司、基金、风投公司、投资银行甚至大型企业集团），在其意愿的基础上不断向交易者报出某项证券的买价和卖价，并在其所报价位上接受机构和其他交易商的买卖要求，保证及时成交的交易方式，做市商在其中赚取买卖差价。做市商制度的主要意义是增强OTC市场的流动性，通过合理地引导和规范，做市商制度也可以起到平稳市场异常波动的作用。从世界范围来看，场外市场发展面临的主要问题是市场交易不活跃，这主要是因为在场外市场挂牌的企业资质参差不齐，导致很多企业的股票流动性不足，交投不活跃。做市商以自有资金进行证券交易，相当于OTC市场的“批发商”。在市场不活跃时，做市商可以人为地买进卖出来活跃市场；而存在投机过热时，也可以执行反向操作来平稳市场，使市场的流动性和稳定性得以协调统一，从而吸引更多的企业进驻 OTC 市场，促进市场繁荣。除此之外，对投资者而言，做市商制度的存在还可以遏制过度投机和盲目投机行为。OTC 市场中的企业大多属于高风险、高科技、高成长的初创中小型企业，一般知名度比较低。相对于场内市场，投资者面对更高的风险溢价评估和更严重的信息不对称问题。做市商制度要求挂牌企业必须有两家及以上的有资质的做市商为其做市，这意味着做市商在一定程度上为企业股票价值提供了估计参考值，使之不过度偏离其真实的投资价值。一般来说，做市商在为某企业股票做市时，会充分收集该公司的资料。为了吸引投资者的注意，扩大做市范围和规模，做市商会主动对企业信息进行披露，从而增加场外市场的透明度，提高政府对场外市场的监管效率。做市商制度的这些优势，导致国际上主要的场外资本市场基本都采用此种交易制度。在这种制度下，政府的主要监管职能即为设置合理的做市商准入标准，加强审查和持续检查做市商的操作合规性，组织成立做市商协会进行自律监管等。然而，在我国，场外市场的交易制度受到了严格的政策限制，国务院于 2012 年 8 月下发了关于 OTC 市场管理的 38 号规定，明确了我国 OTC 市场的交易方式为协议转让的方式，强调不允许采用做市商的交易模式。而在此之前成立的天津股权交易所、重庆股份转让中心和齐鲁股权转让中心均为“集合竞价 + 双向报价 + 协议转让”的混合交易模式。国家对场外市场交易模式的限制虽然在一定程度上控制了风险，但是也阻碍了场外资本市场发展的步伐。对比《全国中小企业股份转让系统业务规则》和 38 号规定，新三板的交易制度“可以采取协议方式、做市方式、竞价方式和其他中国证监会批准的交易方式”，而地方 OTC 市场“不能拆细，不得采取集中竞价、连续竞价、匿名交易、做市商等集中交易方式进行交易”。制度上的不平等，使新三板对地方 OTC 市场的发展造成了挤压，进一步影响了 OTC 市场的发展。相比较之下，做市商制度对于流动性较差、信息不对称情况严重、交易不活跃、市场参与主体较少的地方性 OTC 市场具有更强的适应力。天津股权交易所能够获得良好的发展，与其多元混合的交易模式不无关系。金融高新区的股权交易中心，更适宜采取做市商制度和协议转让制度相结合的混合交易模式，但在获得政策支持的道路上，恐怕还有很长的路要走。

全景网路演中心

2013 年 8 月底，佛山市政府与深圳证券信息有限公司签署战略合作协议，双方计划在广东金融高新区建立“全景网广东金融高新区路演中心”。该网上路演中心是深圳证券在广东省除深圳外建立的唯一路演中心，其建立对于金融高新区产业金融的发展有重要意义。

路演源自英文“Roadshow”，是国际上广泛采用的证券发行推广方式，是指证券发行商发行证券前针对机构投资者的推介活动，是在投、融资双方充分交流的条件下促进股票成功发行的重要推介、宣传手段。通过投资银行家或者支付承诺商的帮助，在初级市场上出售股票，有助于提高股票潜在的价值。传统路演的主要形式是举行推介会。在推介会上，公司向投资者就公司的业绩、产品、发展方向等作详细介绍，充分阐述上市公司的投资价值，让准投资者深入了解具体情况，并回答机构投资者关心的问题。随着网络技术的发展，这种传统的路演也搬到了互联网上，出现了网上路演，即借助互联网的力量来推广。网上路演现已成为上市公司展示自我的重要平台，是推广股票发行的重要方式。

作为广东（除深圳外）唯一的路演中心，其没有选择落户到同为一线城市的广州，反而到二线城市的佛山来，这背后与金融高新区的大力推动密切相关。金融高新区除了按照深交所网上路演中心项目对场地的使用要求进行装修、配备设备并无偿提供其使用，还给予其必要的开办运营经费扶持，其中包括为路演中心项目运营主体提供500万元落户奖励等。除了优惠的政策，网上路演中心在定位和市场上也和金融高新区不谋而合。金融高新区发展最重要的功能之一就是资源整合，而网上路演中心就扮演着整合高新科技产业发展各要素的重要角色，搭建起了资本和产业融合的桥梁。上文中提到的股权交易中心，其定位是服务全省的中小微及高科技产业，而中小微企业和优质高科技产业的集聚，又将为网上路演中心创造大量的客户需求。届时佛山会有上市公司38家，而初步形成的资本市场正在培养大批准上市企业梯队，对于网上路演中心而言，这是一片巨大的蓝海市场。网上路演中心为包括但不限于佛山的上市公司、拟上市公司及中介机构举办网上路演、新闻发布、业绩说明、业务研讨等活动提供场地与服务，同时，还可为广东金融高新区股权交易中心企业提供必要的网上路演服务及新三板其他与股份报价转让系统的路演、挂牌等相关的服务支持。可以预见，网上路演中心可以在金融高新区下一阶段的资本市场建设中发挥重要作用。

内外兼修：推介会与本地金融机构

2013年末，金融高新区以一套“组合拳”收尾。纵观2013年全年，场外资本市场、民间金融街、基础设施和配套建设、招商引资、环境改善，无论哪一项拿出来都是值得夸耀的成绩。然而，金融高新区仿佛并没有停下来的意思。临近2013年底，一系列影响深远的大事件再次吸引了人们的关注。第一件是12月10日在伦敦证券交易所举行的金融高新区推介会。这次推介会吸引了英国及欧洲众多国际化金融机构，其中不少机构对金融高新区的发展优势产生了较大的兴趣。2013年下半年的民间金融和场外市场建设，让许多人以为金融高新区的建设重心会向民间金融、小微金融等服务地方、关注本土企业的方向倾斜，然而伦敦的推介会向关注金融高新区发展的人们表明，金融高新区不仅在

“低头看路”，也在“抬头看天”。伦敦作为国际金融中心之一，其雄厚的金融实力和丰富的金融发展经验对金融高新区金融行业的发展弥足珍贵。此次的伦敦推介会，金融高新区打出的依然是自己最有优势、对金融机构最有吸引力的金融产业后台服务基地的底牌。经过几年的建设与发展，金融高新区已经成为中国国内规模最大、配套最完备、环境最优良的金融后台服务基地。通过对伦敦金融中心的经验学习以及优势金融机构的引入，金融高新区亚太现代金融产业后台服务基地的地位无疑将更加牢固。对于金融高新区自身的发展而言，增强国际金融的交流与合作，引进欧洲金融机构及服务外包企业，可以在协助打造国际化法制化的营商环境，加强与伦敦等国际人民币离岸市场的互动，围绕人民币资本项目可兑换等方面开展更高层次的金融开放与合作，这也是中共十八届三中全会全面深化改革重要部署中构建开放型经济新体制的重要内容。

历史上，中国广东和英国的金融合作一直比较密切。汇丰银行、渣打银行等英国知名金融机构在广东已经有了一定的业务基础。2013 年，广发期货有限公司收购了 NCM 英国期货公司，创下了中国期货公司海外并购的第一单。但是，像佛山这样的城市，一直以来是以“佛山制造”而闻名海外的，外国投资者对于佛山的金融业所知甚少。随着近几年金融高新区的快速发展，越来越多的外国投资者开始关注佛山和金融高新区。佛山市金融局有关领导认为，金融高新区早期的定位主要是辐射亚太地区，因此引入的金融机构多为港资企业。而接下来金融高新区将争取更多的国际化项目进驻，招商的重点将放在欧洲金融机构上。吸引欧洲的大型金融机构，将增强产业集聚效应，借此吸引更多的上下游相关企业扎根金融高新区。与此同时，金融高新区还需要根据“金融后台 + 产业金融”的双定位，在吸引金融后台企业的基础上，邀请欧洲投行来洽谈考察，创造合作机会，从“民间金融”“地方金融”走向“国际金融”，再以“国际金融”的现代管理经验，带动并促进“民间金融”“地方金融”的良好发展。

2013 年 12 月 16 日，顺德农村商业银行南海支行在金融高新区开业。顺德农商行的进驻，是金融高新区本年度金融工作“组合拳”的收尾。金融高新区向外进击伦敦金融市场，吸引欧洲金融机构和投资者，向内则脚踏实地，引进各类银行机构。当时，金融高新区已经吸引各类银行机构 25 家之多。顺德农商行入驻的特殊意义在于，该行是经过改制的本土大型金融机构。全国银行系统的改制打破了原本中、农、工、建、交五大国有商业银行的垄断格局，原各地区农村信用社、城市信用社纷纷改制成为商业银行。顺德农商行在 2009 年改制之后，实现了资产质量和经营效益的持续提升。2012 年，顺德农商行在英国《银行家》杂志全球 1000 家大银行中综合排名 387 位，在全国 100 家大银行中排名第 38 位。更重要的是，顺德农商行作为原地方农村信用社，对当地的市场环境、信用环境及客户情况非常了解，长期以来一直在本地服务广大企业和城乡居民，支持三农和中小微企业。多年的业务往来使顺德农商行和地方经济形成了互惠共生的关系，这是外来金融机构很难具备的现实条件。顺德农商行的入驻，对于帮助地方企业及个人进行融资，加快本地优势产业升级转型具有重要意义，是金融高新区发展战略中的重要组成部分。值得注意的是，开业仪式当天，顺德农商行将原本用于庆祝的 18 万元餐费悉数捐出，用于帮助本地困难大学生完成学业。18 万元虽然不多，但是展现了大型企业主动承担社会责任的意愿，也体现了农商行立足地方，服务地方的初心。

未来的公园之城：千灯湖计划

2013 年下半年，金融高新区的招商工作进行得如火如荼。9 月 3 日，友邦金融中心正式启用，值得一提的是，这是佛山市首座荣获

LEED 节能环保金级国际认证的商务写字楼。截至目前，金融高新区已经吸引了中国人保、广发银行、IBM、汇丰等 134 个金融后台、金融外包及私募创投等创新型机构进驻，辐射亚太的现代金融产业后台服务基地初现雏形。10 月，全球四大会计师事务所之一的毕马威服务中心（KDC）在友邦金融中心开业，这是毕马威在中国的第 16 家分公司机构，也是首次选择落户地市一级。“栽好梧桐树，引来金凤凰”。毕马威的入驻充分说明了金融高新区这棵梧桐树的吸引力。优惠的政策、低廉的成本费用以及大量的潜在市场无疑是吸引这些企业入驻的主要原因，引来之后，能不能留住这些高端金融机构，能不能留住在机构中工作的金融人才，则是政府需要关注并投入的重点。高层次人才对生活的需求，不再仅仅取决于能否提供有吸引力的收入，而会更多地关注生活的品质、家庭幸福和未来的发展前景。具体来说，主要包括交通、购物、休闲娱乐、公园环境、子女教育、医疗配套，等等。以此为思路，南海政府于 9 月 18 日启动“千灯湖计划”，计划未来三年投入 1200 亿元打造“灯湖中轴”，主要实施交通、千灯湖北延和公园化战略，推进城市建设、产业发展、区域交通、环境改造、人才引进、社会民生等十大工程。佛山科学技术学院经管学院院长杨望成认为，“千灯湖计划”在生态环境、人文景观、人才服务方面下了很大功夫，符合高端人才生活与发展的需求，思路理性，符合南海当前的发展规律。10 月，金融 C 区随即启动了环境改造项目。C 区的环境改造项目主要包括路网建设，绿化提升工程和公共设施建设工程。在《千灯湖计划》“公园化战略”的背景下，南海东部将不断扩充“城市绿肺”，做到点、线、面有机结合，乔、灌、草合理搭配，让城在绿中，绿在城中，把东部南海建设成为绿色之城、生态之城、宜居之城。此外，根据金融 C 区总体规划，这里将建设多座中心公园，结合河道水闸等水利设施以及两岸生态绿化和休闲步道建设，为居民提供休闲、健身和公共绿地。

除了生活环境的改善，金融高新区人才对子女的教育问题也得到了政府的重视。2013 年 10 月 23 日，桂城灯湖小学正式动工兴建，主要服务于周边小区及叠滘部分区域。该小学预计 2014 年即可招收第一批一年级学生。作为金融高新区城市配套的一部分，灯湖小学将起到为区域高层次人才提供配套服务的作用，对此桂城街道党工委委员陈建宾表示，只要符合市区人才引进相关条件的子女，街道都会尽量满足其子女就近入学的问题。家庭生活和子女的教育问题解决了，高层次人才方能在金融高新区安居乐业。在这一点上，政府工作的成绩由千千万万的引进人才“用脚投票”来评判。

Part IV

从前台到前沿（2014—2017年）

第 11 章　互联网金融 创新之“双刃剑”

本章主要介绍了 2014 年度金融高新区的重点工作。2014 年度，金融高新区的重点工作基本是围绕着互联网开展的。其中，在“灯湖论剑”活动中，参会专家学者探讨了移动互联网发展的相关话题，对当前的移动互联网发展情况以及佛山如何切入等问题进行了思辨。第二块主要内容是关于互联网金融的。首先介绍了互联网金融发展状况和主要内容，进而探讨了金融高新区发展互联网金融的可能切入点：第三方支付。本章最后，我们详细描述了互联网创业大赛的内容，同时对创业大赛过程中业界专家的观点进行了总结。通过对这些观点和事实的记录，描述了金融高新区在面对互联网金融大潮时的处境和抉择。

灯湖论剑：移动互联网来了？

2014 年，金融高新区在坚持双定位的基础上，对各方面的工作进行了拓展和延伸。纵观全年，金融高新区的地方金融得到了良好发展，已经基本形成了以银行、小贷公司、场外市场和创投机构为主体的健康金融生态圈。其中银行 28 家、小贷公司 22 家、私募创投机构 25 家、在股权交易中心挂牌企业 40 家。其他的保险、证券、事务所、行业协会等多种金融业态如雨后春笋般出现，极大地丰富了地方金融生态环境，初步形成了多层次、立体化的融资渠道和服务体系。由金融高新区牵头举办的一系列企业沙龙、交流论坛等活动获得了热烈的回应和极高的评价。以金洽会、岭投会为例，通过企业沙龙、金融培训、企业路演等方式，为中小企业与投资机构（投资人）搭建起了高效沟通与交流的公益平台。在“金、科、产”融合方面，金融高新区利用民间金融街和股权交易平台，通过金洽会、岭投会等路径对互联网金融这一当时的前沿领域进行了大胆而富有成效的探索。基础设施建设方面，南海金融公园、灯湖市政公园、夏北中心公园、中海万锦豪园等项目顺利推进，灯光、绿化、交通状况不断改善，宜家家居广场、希尔顿酒店、南海万达广场、万科广场、怡丰城等商业综合体正式开业，金融高新区“千米商贸长廊”强势崛起，地铁金融城、招商置地中心、新凯广场、国际青年荟等多个商场和主题购物中心建设快速推进，大大提升了金融高新区的商业品质。人文环境方面，千灯湖音乐节、灯湖周末文艺舞台、金融新贵圣诞唯美音乐会、“欢乐益起跑”城市迎新环湖乐跑、跨年音乐节、桂城篮球联赛等活动让人目不暇接。金融高新区不仅仅是一块沐浴在资本之光下的财富高地，也是一个充满活力、宜室宜居的魅力生活区。

2014 年值得记录的第一个重点，当属“灯湖论剑”。“灯湖论剑”是金融高新区与南方报业传媒集团共同主办的南方移动互联网大会。该大会以移动互联网为中心，探讨金融高新区“金融 + 科技 + 产业”的发展方向问题。现在看来，“灯湖论剑”是对金融高新区发展方向的一次探索和思辨，也是对佛山地区创业创新活动的一次积极引导，更是对整个广东产业经济发展的一次推动。

移动互联网的概念并不艰深。区别于传统的 PC 互联网，移动互联网把概念的重心放在了移动端，简单理解就是手机端口。随着智能型手机的普及，移动互联网获得了飞速发展。根据来自 BCCI 互联网数据中心的报告，当时预计 2013 年中国手机网民将达到 7. 2 亿，移动互联网所触达的，将是一个异常庞大的消费者群体。加上移动带宽的建设、电子支付系统的不断完善，移动互联网的影响将深入各行各业。在 PC 互联网叱咤风云的时代，佛山并没有很好地把握住机会。目前形成的互联网格局中，北京是互联网新媒体的基地，上海是视频、游戏的新娱乐基地，广州、深圳是以腾讯为主的微信、网易邮箱等通信基地，江浙一带则是以阿里巴巴为主的电子商务高地和平台。

佛山对于互联网的接触，大多停留在传统企业的销售（宣传）渠道升级上。在企业内部成立一个“网络部”“网销部”或“电商部”，将线下产品放在线上进行销售，然而采用这种模式进行发展的企业，顶多算是不再和互联网潮流相对抗，几乎没有获得成功的。这是传统企业和电商企业思维方式不同导致的结果。广佛智城电商运营总监龚海总结到，传统企业注重产品、品牌和渠道，但电商则反方向操作，从消费者的需求出发，更注重服务、会计和信息流转。从产业发展的进程来看，在供给不足的时代，产品只要生产出来，就能找到客户和市场，因此生产制造类型的企业发展的重点在于提高产能；随着消费者的需求被不断满足，逐渐对产品质量的稳定性提出了更高的要求，在此阶段企业发展的重心在于质量控制，即尽量稳定地向消费者提供标准化的产品，让消费者每次都能获得符合自己合理价格预期的消费体验；业内热传的德国工业“2.0”“3.0”等，都是对高效制造、标准化制造和严格品控理念的推崇。随着国民收入的不断增长，越发富裕的消费者不再满足于标准化的产品和服务，开始越来越追求私人化的、定制化的产品。这种需求的转变对传统企业提出了挑战，过去企业能够高效提供标准化产品与服务的规模效益优势不复存在，传统企业将被迫不断开辟新的市场，寻找新的需求。

近年来，我国提出的供给侧改革正是针对这样的问题，一方面生产出来的产品过剩积压，低价出售到国外市场又被指责为倾销，因此受到了各国的严格限制。另一方面我国消费者的需求得不到满足，大量消费者选择去国外购物，日本的马桶盖就是最好的例子。在这种情况下，互联网思维和商业模式应运而生。互联网模式下，企业生产决策可以从客户端出发，通过对客户需求信息的搜集和整理，逐渐形成并调整自身的战略目标。这样做的优势在于对市场变化敏感，决策反应链条短，占用企业资源成本较少，企业的市场营销效率更高、效果更好。可以看到，这样的思维模式绝不仅仅是“把产品放到网上去卖”这么简单。对于佛山的广大中小型企业来说，互联网模式将是其参与市场竞争的强大助力。传统大型企业由于规模较大、包袱较重，转向远没有中小企业灵活，因此在互联网时代难免会受到许多掣肘，而中小型企业可以借此机遇，紧贴消费者的个性化需求，提供定制化的产品和服务，填补这一块市场的供给空白。另外，与单纯的电子商务不同，佛山的中小企业大多是制造业，在制造业的基础上进行电子商务的升级转型，相当于是一次渠道的升级和整合，无论整合的方向如何，电商和制造业的结合都是企业供应链上的一次纵向一体化，这对于企业的价值链管理、研发生产销售链条以及信息系统建设都会产生重大影响。可以想象，互联网模式的推广和引进将使“佛山制造”如虎添翼。

互联网金融：从第三方支付切入

2014 年不得不提的另一个热点，是互联网金融。1 月 17 日，中国电子商务互联网金融创新基地在佛山市南海区千灯湖畔挂牌成立。同时挂牌的，还有中国电子商务创新基地和中国电子商务智慧型企业孵化器。这是国内首个以“互联网金融创新”为主题的产业基地，也与“金融 + 科技 + 产业”的发展方向不谋而合。2013 年、2014 年“互联网金融”这一话题的热度，如同现在的“大数据”和“人工智能”。不过也不乏调侃的声音：“人人都在谈论它，人人都宣称自己正在做，但是很少有人真的知道它到底是什么。”那么，互联网金融到底是什么？

是金融机构利用互联网技术进行的一次运作模式的升级换代？还是互联网企业利用相关技术以及庞大的用户人群发展出来的一种新型的金融业态？学界对互联网金融的概念和内涵没有得出一致的结论，但是业界出现了几种公认的互联网金融模式，分别是众筹融资、P2P 网贷以及第三方互联网支付。

众筹融资模式起源于美国 ArtistShare 公司在网络上发起的项目融资，主要面对音乐界的艺术家和其粉丝。粉丝通过众筹来资助指定的艺术家，而艺术家则通过众筹获得的资金进行音乐创作和发行，接下来再以唱片或相关商品的形式来支付粉丝的投资回报。这种项目融资模式的出现有其内在因素。首先，艺术家的天赋和创作过程是充满不确定性的，传统银行融资的模式难以评估这一过程的风险程度。其次，艺术家的创作区别于企业的生产，几乎没有自有资产可以进行抵押或担保。融资渠道的缺乏可能使很多极具天赋的艺术家失去了绽放光芒的机会，而这种众筹融资的模式是一种很好的解决问题的尝试。最开始，融资回报采用商品或服务，而非货币的形式偿付，这其实与产品预售的模式非常相近。随后，逐渐出现了以获取货币回报为目的的众筹行为，项目发起人通过转让部分股权来获取众筹融资，而投资人则收取相应的股权投资回报。众筹融资区别于传统融资的关键之处，在于众筹平台利用互联网技术，将投资者和项目发起人直接对接，绕开了传统的金融中介机构。但是，引起学者争论的许多问题，例如金融中介机构的功能和作用是否被众筹平台替代，依然没有统一的结论。不过，从治理的角度来讲，众筹平台作为新兴事物，远没有对传统金融机构的监管完善。传统金融机构在融资活动中的主导地位，依然难以动摇。当然，除了融资领域和规模的限制，法律法规方面的限制也是一方面。2012 年 4 月，美国奥巴马政府出台的 *Jumpstart Our Business Startups* 法案明确表示，允许企业在互联网平台和社交网络上向公众出售部分资产，为众筹行为扫清了法律障碍。自此，众筹平台和众筹活动在美国获得了良好发展。到2013年底，美国的众筹平台已经达到300多家，占世界总量的一半以上，而排名第2的英国仅有80多家。

P2P网贷出现的时间要更早些，可以追溯到2005年。这种融资模式本身并没有多少颠覆之处，其本身依然是“个人对个人”的融资模式，应该可以算作最古老、最原始的借贷模式，长期普遍存在于亲戚朋友之间。这种融资模式的最大问题在于信息不对称而导致的规模受限。“熟人”之间的借贷，基本上都会局限在一个较小的社交网络里，具有明显的地域特征。互联网技术的发展使这种借贷模式重新获得了生机。人和人的社交网络被互联网极大地拓展，原本的地域性限制不复存在。2005年，世界上第一家网贷平台Zopa在英国成立；2006年，Prosper和Lending Club先后在美国创立，其中Lending Club一度成为世界上最大的P2P网贷平台，发起贷款数额达到14亿美元之多。国内在此领域几乎与世界同步，2006年，国内首家网贷平台“宜信”创立，随即“拍拍贷”“陆金所”“爱投资”“积木盒子”等平台如雨后春笋般出现。2013年，P2P网贷平台出现了一波爆发性增长，各路金融机构、民间资本、上市公司大举进军网贷平台市场。短短一年时间，全国网贷平台超过1000家，贷款额度接近1000亿元，有效投资人数达到29万人。同样地，P2P网贷平台难以回避的问题依然是平台本身是否具备金融中介职能的问题。网贷平台是否只是一个为投资者和资金需求方提供交易机会的纯中介？平台是否需要管理和控制可能出现的信用风险？如果在金融风险控制的管理和操作上找不到合适的方式方法，则平台存在的意义依然非常有限，甚至可能放大金融风险。

第三方支付出现的时间最早，早在1998年底，以Paypal为代表的第三方支付平台就在美国出现。移动互联网技术使第三方支付从PC端转移到移动端，即所谓的移动钱包、手机钱包等。更重要的是，移动互联网技术通过庞大的客户群体，利用积累起来的海量用户数据，衍生出了新的金融产品创建和销售渠道。Paypal 出现不久，就成立了基于 Paypal 用户支付数据而形成的指数基金。而在中国，微信支付、支付宝等新型支付形式近年来更是获得了爆炸式增长，极大地改善了中国移动互联网用户的第三方支付体验。值得注意的是，火遍全国的“余额宝”产品，正是基于 2013 年 6 月阿里巴巴推出的支付宝而设计的。“余额宝”虽然本质上只是由天弘基金管理的一只货币基金，但其产生和运作的方式却是以第三方支付平台积累的大量客户数据为基础，以互联网技术为保障的金融产品。可以看到，在第三方支付方面，我国虽然起步较晚（比美国晚了十几年），但是发展速度要快得多。短短几年内，微信支付和支付宝支付基本就完成了国内市场的全覆盖，许多城市居民甚至可以完全不带现金出门，而 Paypal 多年以来却始终难以撬动国内市场。有观点认为，第三方支付在西方国家发展缓慢的重要原因之一，是由于西方社会中的支付模式早已完成了现金支付—支票支付—信用卡支付的升级，而中国则是直接从现金支付跳到了信用卡支付阶段，支票的大量使用阶段基本被跳过了。由于不完善的信用体系和相对保守的消费观念，采用信用卡支付的客户依然比较有限，这给第三方支付的全面推广创造了良好的市场环境。不仅如此，国内庞大的人口基数为移动互联网用户交易数据的积累提供了便利，也为基于用户数据量进行的金融创新提供了可能。

支付宝的推出是在 2013 年 6 月。金融高新区挂牌电子商务互联网金融创新基地以及电子商务智慧型企业孵化器是在 2014 年的 1 月。短短半年时间，金融高新区的反应不可谓之不快，在产业发展日新月异的互联网金融领域，慢一步就会被拉开巨大的差距。初入场的金融高新区，在互联网金融产业好似一匹黑马。这匹黑马打算朝哪儿走？其是否有实力和眼光来参与新兴行业的激烈竞争？这都是值得关注的问题。从金融高新区的战略选择来看，进军互联网金融并不是“蹭热点”“凑热闹”。在三大互联网金融模式中，金融高新区明确选择了从第三方支付进行切入的战略，这一战略选择显然是经过深思熟虑的。佛山的根本优势还是在于海量的优质生产制造型企业。随着近几年的产业升级转型，大量制造业为电商行业的发展提供了良好土壤。电商行业和互联网金融产业具备很多共性，如都需要很多基础的网络设施设备建设和大量的用户信息积累，同样利用大数据和云计算技术，等等。以电商为桥梁，从第三方支付进行切入，进军互联网金融产业，成功利用了佛山产业经济的优势，实现了产业、科技、金融的联合发展。事实上，发展互联网金融战略的最终目标，还是要以发达活跃的互联网金融市场为产业发展提供便捷多样的融资服务，最终形成良好的正循环发展闭环。

选择从第三方支付进行切入，并不意味着众筹和 P2P 融资不适合金融高新区的互联网金融发展模式。事实上，佛山地区大量的民间资本以及中小企业多种多样的融资需求为众筹和 P2P 融资创造了非常好的市场环境和客户基础。可是，从公布的消息来看，2014 年初金融高新区确定互联网金融发展战略的时候，并没有对这两个领域给予太多的关注。究其原因，一个可能的解释是，面对野蛮生长的各类互联网融资平台，金融高新区采取了审慎的态度，并没有盲目地全面推进。正如上文所分析，众筹和 P2P 融资在本质上依然是传统的金融活动。互联网技术提供了新的工具，但并未改变传统金融活动的风险本质。通过绕开金融中介而获得的效率和便利，很难说不是以更高的风险为代价的。各类融资平台在活动中扮演的角色以及监管方对其的态度，都是值得思考和关注的。在这种情况下，采取审慎观望的态度，而不是贸然进入不知深浅的、规则尚未完善的新领域，可能是一个更理智的选择。

2014 年 2 月底放出的消息，从侧面支持了金融高新区的谨慎态度。在国家的普惠金融战略下，互联网金融和民间金融近年来焕发出勃勃生机，正在逐渐影响和改变着传统金融格局。但是这些新型金融的发展也给监管部门带来了极大的挑战。金融创新活动固有的风险属性和监管机构所要求的审慎态度如何均衡，将是新金融时代不得不探讨的问题。针对这个问题，银监会和证监会陆续放出消息，表明正在制定相应的监管细则，将把互联网金融和民间金融纳入金融行业的“正规军”，实施统一监管。从监管的角度看，互联网环境中的金融本质是针对以电子商务为代表的网络化、信息化经济活动，提供的融资、资金汇划、担保和信用评级等服务，和传统金融服务相比，互联网并没有创造出新的金融模式，金融服务的对象、工具、法律关系没有根本性变化。因此，同样作为金融中介，互联网金融平台与其他金融机构一样，均应受到监管机构的规范与约束。监管部门对互联网金融创新提出了三个指导性原则：一是金融消费者的权益保护和业务安全性应处于核心位置；二是坚持恪守金融风险的底线原则；三是鼓励适应互联网特点的金融服务创新。原则虽已明确，具体操作细则仍在酝酿之中。互联网金融依然具有不同于传统金融的特点，因此仍需要针对其特点做出有针对性的监管安排。

监管意见的披露，多少给火热的互联网金融产业泼了些冷水。2014 年 1 月一波热潮之后，互联网金融相关的消息仿佛沉寂了，整个 2014 年上半年，金融高新区其他方面的工作捷报频传，但是再无互联网金融相关的行业发展消息传来。这样的沉寂一直持续到 7 月 10 日前后，南海区政协委员调研团队来到金融高新区，视察 AIA、佛山民间金融街和 OTC 市场。对于金融高新区建设已经取得的成绩，委员们纷纷表示肯定，认为金融高新区从金融后台走向前台、从货币市场走向资本市场，实现了“两个漂亮的转身”。目前整个金融高新区的功能都已经比较完善，需要“向前看”了。对于金融高新区未来的发展方向，不少委员建言需关注新兴产业，加大扶持政策，落实政策的引导。尤其是对于互联网金融方面的引导和扶持，目前的政策力度仍显不足。金融高新区在

2014年初就已挂牌中国电子商务互联网金融创新基地、中国电子商务创新基金和中国电子商务智慧型企业孵化器，并成功吸引到了第三方支付的沃银、易联广东总部进驻千灯湖，但是当前佛山包括整个珠三角的互联网金融发展仍然比不上长三角，大部分平台和支付平台等都是在江浙一带，因此金融高新区在取得创新基地的牌子之后，更应在接下来的软环境、招商引资政策还有机制方面进行配套与完善。

获得政策的关注之后，金融高新区的互联网金融产业在2014年下半年又掀起了一波热潮。9月19日，互联网金融平台竞争力与区域合作发展研讨会在全景路演中心举行。这一互联网金融行业的盛会吸引了来自全国50余家互联网金融企业，向国内的整个互联网行业展示了佛山金融市场中小微企业巨大的融资需求和庞大的民间资本积累。当时的佛山市副市长在会上表示，相较于传统金融平台，互联网金融透明度更强、参与度更高、协作性更好、中间成本更低，对于佛山这样的中小微企业众多、金融服务需求巨大的市场而言，能够破解传统金融融资渠道单一、融资分布不均的难题，能够极大地缓解中小微企业融资难的问题。因此，让佛山制造搭载互联网金融配套，可以进一步推动产业、科技和金融的融合，是推动金融产业发展的重要方向。此次盛会的另一项重大成果，是吸引到司马钱互联网金融平台正式落户金融高新区。司马钱是一个互联网金融的门户网站和智库，长期关注互联网金融领域的最新动态，并与大量金融机构保持紧密联系。司马钱的落户，能够通过组织活动等方式，使更多的互联网金融机构认识佛山、关注佛山，有助于金融高新区互联网金融产业的进一步发展。下一阶段，互联网金融的招商工作作为金融高新区工作的重点之一，未来还考虑制定扶持互联网金融发展的相关政策措施，全面引入P2P网贷和众筹融资相关企业，促进互联网金融产业的全面发展。

2014年10月，股权交易互联网金融研修班在南海开班，省内外72

名民企高管来此进行培训。但这场活动并没有引起媒体的大量关注。这次研究班由广东民营企业家培训学院南海分院承办，是该学院落户南海后举办的第二期培训课程。这次活动在金融高新区互联网金融产业发展中起到了一些特殊作用。一直以来，金融高新区对互联网金融产业发展的推动主要着力点都在宣传与招商上，属于在互联网金融的“供给侧”做工作。而此次的研修班，则属于在“需求侧”进行推动。在“供给侧”的工作，目的是提供更好的互联网金融产品和服务；而在“需求侧”的推动，则是为了让更多的企业和个人了解互联网金融产品和服务。在这次培训会上，广东盛世商潮网络科技有限公司副总裁褚伟为大家分析了传统商业如何与创新电子商务结合发展，用互联网思维推动企业转型升级。而参训的高管学员们多是希望通过此次研修，对企业实现互联网融资有所帮助。广东省及南海区的中小企业均对此次活动表示了关注与支持，南海区获批全省金融科技产业融合创新综合试验区以来，对金融高新区的中小微企业金融综合服务不断完善，随着互联网金融的蓬勃发展，在这样的时机举办相应的研修班，有助于企业做好准备并找准方向。

互联网创业大赛 佛山可有一席之地？

2014 年 10 月底到年末，“灯湖论剑”南方移动互联网创业大赛系列活动吸引了所有人的眼球。这是第二届移动互联网创业大赛，由金融高新区与南方报业传媒集团联合主办，接受全国范围内包括移动 APP 开发、移动互联网金融、移动电子商务及垂直 O2O、移动互联网技术在传统制造业的创新应用以及移动游戏开发在内的六大领域创业项目报名。2013 年末的首届“灯湖论剑”，获得了创新工厂、腾讯电商、阿里巴巴及 IBM 中国等互联网业界权威以及广东风投界的专业认可，直接推动了金融高新区启动首只天使基金，并在现场促成了 10 个创业团队与9家风投机构达成20余项投资意向。2013年获得大赛10强的创业项目，已有4个在佛山注册落户，所有项目均获得了良好发展。“灯湖论剑”移动互联网创业大赛，不仅是“金科产融合”宏观政策的一次成功落地，更是对产业跨界融合发展方向的探索和实践。从首届创业大赛的成果来看，有两点是特别值得注意的。第一点，创业大赛的获奖项目中，佛山本土的移动互联网项目并不多，尤其是在十强中，上海、江浙的项目团队还是占大多数。这些事实体现了两个趋势：其一，相较于长三角地区，佛山甚至珠三角地区在移动互联网产业发展板块中的地位依然处于弱势，但是，这样的现状可能正在改变，仅从金融高新区创业项目入驻的情况来看，这里对移动互联网创新创业的吸引力正在逐渐增强。其二，良好的创新、创业环境，开放的融合发展理念，以及积极的政策引导，正吸引越来越多的资本以风投、天使投资的形式汇聚金融高新区。尽管仍然无法同天使风投云集的北京、上海相提并论，但珠三角创业者务实、实干的特点正在赢得资本的信任和青睐。第二点值得注意的是，参加移动互联网创业大赛的本土项目与“外来”项目在内容和思路上都有较为明显的区别和特征。长三角地区，尤其是上海，长期位居全国金融中心、经济中心，高端服务业比较发达，因此创业项目大多高端前卫，科技含量较高，属于“高大上”；在珠三角地区的创业土壤中，服务业和制造业比较发达，创业者更多是从传统行业和生活应用中挖掘移动互联网技术的应用，因此更加接近市场和消费者，属于“接地气”。意识到差别的存在，无论是对于创业者、投资者还是产业发展的组织推动者都有重要意义。对于创业者而言，企业的前期生存，靠的是核心竞争力，因此如何扬长避短，发挥优势是关键。而想要真正做大做强，则需要进一步认识自身的局限性，并不断补齐短板，消除致命弱点。广东珠三角地区的创业者重实干、轻包装，在布局和谋划方面更看重当下。尤其是在项目起步阶段，往往不善于自我表达，不看重对项目理念和价值的总结、提炼和推销，因此对投资者（尤其是风投）的吸引力普遍不足，影响了企业估值。对于投资者而言，意识到城市气质和产业基础对创业项目的影响，可以更有效、更有针对性地做出投资决策，减少对潜在成功项目的误判。在传统的北方风投圈中，最受青睐的创业项目往往是契合大政策、大环境、大产业发展方向，具备重要意义及发展潜力的项目。因此投资方的关注点在于项目的思路和格局，至于项目目前是否盈利、运营细节是否完善等方面并不太看重。这样的结果是北方政治中心的市场环境土壤以及风头行业的“高风险、高回报”本质所决定的。而在实业思想根深蒂固的广东，创业者更习惯于稳扎稳打，做细做好，因此很少在项目初期考虑项目的长远意义和更高层次的布局，但这并不能说明项目的质量不高或缺乏投资价值。若从传统北方风投的思路看，这样的项目未免会显得太过平淡，提不起投资人的兴趣，因而错失成功投资的机会。对于产业发展政策的制定者而言，客观地分析本土移动互联网产业发展的市场基础和优势，从而选择适宜的发展路径，制定相对应的扶持政策，可以达到事半功倍的产业推动效果。以第三方支付的角度，从电商行业切入互联网金融，正是基于佛山产业基础分析而做出的政策选择。在移动互联网产业发展上，依然需要立足于佛山强大的传统制造业，制定相应的发展政策。“灯湖论剑”系列活动中，导师风投团针对移动互联网和佛山制造业的发展关系以及未来的发展方向展开了激烈的辩论，这些行业大咖激烈的思想碰撞为产业政策的制定提供了许多有益的思路。

在这一届的“灯湖论剑”中，各路行业导师对移动互联网发展表达了自己的观点。其中主要的观点分歧在于移动互联网和传统制造业的关系上。移动互联网对于传统制造业是颠覆还是共赢？时任佛山市科技局相关领导、汉理资本的投资合伙人代表以及大赛导师团中传统制造业代表、鹰牌陶瓷高层均支持共赢的观点。该观点认为，2000 年至今，互联网仍然局限在流动领域，而在制造领域涉及的非常少。互联网行业发展的优势，在于平台、客户、数据和渠道，这与传统制造业是互补关系而非竞争关系。互联网和制造业的结合，能够让双方各自发挥优势，实现共同发展。而持相反观点的创新谷高层则认为，互联网产业是对传统产业的颠覆，其以小米入股美的的案例出发，认为小米的品牌效应将会对传统产业进行侵蚀："到时会有小米的空调、小米的汽车，不用两年，将会出现小米的系列产品。"做加工设计的传统企业虽有利润，但作为价值链和供应链上的弱势环节，大部分的利润将掌握在"小米"们的手上。IDG 资本副总裁赵剑海以及中国 O2O 联盟创始人、知名天使投资人麦客纷纷对这一观点表示赞同，其进一步的观点认为，互联网产业和传统制造业注定死亡，而新型的被互联网改造过的传统产业正在崛起，"拒不融合改变的企业，都难逃一死"；"互联网时代，不创新就得完蛋"。这两种观点的差异的内涵在于，佛山传统制造业的巨大成功，对互联网产业发展到底是助力还是负担，这已经不仅仅是能不能发展"好"的问题，而是会不会发展"坏"的问题。互联网产业的发展是大势所趋，这是不容忽视的事实。那么佛山能否顺势而为，找到适应自身发展的道路，并在全国的互联网产业版图中博得自己的一席之地？东方汇银的合伙人、副总裁施中渊认为，佛山的互联网产业突破口可能来自数据。从整个互联网产业来说，优势工具主要有两大块：平台与数据。其中平台如阿里巴巴，占领着商业平台，微信占领社交领域。在这两方面，佛山难以和其正面竞争，不仅需要付出的代价太大，而且结果不一定好。但在金融高新区中，AIA、广发银行等多家金融机构的华南数据后台高度集聚，辅以佛山地区数以万计的工业企业和制造业，这将提供非常好的大数据平台，为互联网金融和智能制造的发展创造绝佳的条件。与此持相似观点的，还包括佛山本土制造业代表、"灯湖论剑"创业风投导师陈贤伟。陈贤伟认同移动互联网产业发展需立足本土经济土壤的观点，并提出了产业互联网的蓝海竞争战略，该战略是基于其所在的陶瓷行业发展现状而制定的。佛山的陶瓷行业多以庞大的传统经销商体系发展而起，往往在如何整合好线上与线下经销商渠道上遇到难题，还存在物流配送损坏率高、售后服务配套等难题。这些难题使得在陶瓷行业做电商并不容易，也正是基于此，在当下包括陶瓷的整个泛家居领域，几乎没有掌握互联网技术和思维的创业团队真正关注并找到应用痛点。目前的移动互联网创业项目大多仍集中在技术导向型的生活应用类项目，属于消费互联网领域，对实业产业的渗透程度并不深入，这可能正是目前佛山移动互联网产业发展的症结所在。“广佛的强项是商贸业及制造业，因此没有必要与北京、杭州、深圳等互联网一线城市拼技术，他们的重点应该放在应用上，即通过互联网技术的应用，改善传统产业的结构，提高效率、降低成本。”已连续两届担任“灯湖论剑”大赛导师的创新工场战略发展副总裁王世忠认为，2013 年首届“灯湖论剑”南方移动互联网创业大赛杀入十强的“泛家居导购平台”项目，就是应用互联网技术，提高传统制造业及商贸业效率，降低成本的典型案例，非常适应佛山移动互联网的产业发展模式，值得鼓励推广。值得庆幸的是，产业互联网的蓝海，正在逐渐获得先驱创业者的关注。2015 年的“灯湖论剑”南方移动互联网创业大赛启动后的首批报名参赛项目中，开始出现一些具有明显佛山风格的项目，“淘家”就是其中之一。该项目于 2014 年中创立，由佛山市泛家居企业联合会核心成员众筹发起，重点依托佛山及泛珠三角家居制造业强大的集群优势，为用户提供线上、线下全屋装修设计，家居建材及施工的整套解决方案。该项目创立的背后，是佛山家居制造业所面临的转型困境。面对家居业的普遍萎靡，实体终端渠道竞争日趋白热化，大卖场的存量严重过剩，经销商关门的消息时时被爆出，佛山作为传统的家居制造集散地、全国著名的家居专业市场，日子也并不好过。相较于深圳的家居品牌，佛山的家居品牌相对分散，小品牌众多，多定位在中低端，品牌形象急需升级。鉴于此，淘家将设计作为切入口，计划通过设计去推动产品销售，提升佛山制造的品牌附加值。而淘家与传统家装公司最大的不同在于，一般的家装公司都只是为客户提供户型分析和功能设计，在基础改造完成之后，家电、灯饰等后期软装配饰的选购大多是由业主自己完成，软装与硬装的分离常常会造成整体风格的不统一，从而影响预期的设计效果。淘家在设计之初，就为业主提供软装配饰设计图，细致到单个家电、窗帘、饰品的款式和颜色，引导客户在软装上体现个性化。这一项目的思路体现了佛山传统制造业和移动互联网产业结合的一条发展道路。经过两届“灯湖论剑”系列活动，可以看出金融高新区正在不断思考、探索并激励创业者们去实践现阶段适宜佛山特色的发展模式。

2014“灯湖论剑”系列活动的落幕，为金融高新区 2014 年的工作画上了圆满的句号。正如前文中所提到的，2014 年的金融高新区工作，可以用“百花齐放”来形容。在基础设施建设、招商引资、人才引进、文化活动等方面，都获得了令人瞩目的成就，限于篇幅，在此不再赘述。在这一年中，互联网金融这一主题事件，对金融高新区的产业业态发展有着重要影响，因而在此以其发展历程为主线进行了较为详尽的描述。然而，这一事件的发展和影响远未结束。在接下来的几年中，整个互联网产业时而加速，时而刹车，时而转向，金融高新区在这暗流涌动的大潮中应当如何应对？互联网与金融、产业、智能制造又能在这里碰撞出怎样的新型业态？这一切都值得我们继续关注。

第12章　互联网+创新创业 产业升级转型新方向

2015年，金融高新区的发展与国家的宏观政策高度同步。就是在这一年，几项影响深远的国家级顶层战略开始实施，如何积极响应国家顶层战略，在战略的指导下进行区域发展，成为金融高新区必须要深入思考的问题。在2015年3月的全国两会上，人大代表马化腾提交了《关于以“互联网+”为驱动，推进我国经济社会创新发展的建议》的议案，对经济社会的创新提出了建议和看法。马化腾呼吁，我们需要持续以“互联网+”为驱动，鼓励产业创新、促进跨界融合、惠及社会民生，推动我国经济和社会的创新发展。马化腾表示，“互联网+”是指利用互联网的平台、信息通信技术把互联网和包括传统行业在内的各行各业结合起来，从而在新领域创造一种新生态。他希望这种生态战略能够被国家采纳，成为国家战略。3月5日上午，在十二届全国人大三次会议上，李克强在政府工作报告中提出，制订“互联网+”行动计划，推动移动互联网、云计算、大数据、物联网等与现代制造业结合，促进电子商务、工业互联网和互联网金融健康发展，引导互联网企业拓展国际市场。“互联网+”战略的正式提出，与“大众创业，万众创新”的双创号召交相辉映，为金融高新区的发展方向提供了思路和指导。在此宏观战略的指导下，金融高新区紧抓“金融后台基地”与“产业金融中心”双定位，结合“互联网+”战略与大众创新万众创业等热点，积极推动“金融高新区2.0版”升级工作，并在招商引资、金科产融合发展以及互联网+驱动升级方面实施了多项重要举措，取得了良好的阶段性成果。宏观战略的布局和实施需要时间，金融高新区通过积极引导和政策倾斜，为顶层战略的落地铺设了坚实平坦的快速通道，其巨大的战略效果和长远的回报在未来几年逐渐显现。

粤港合作高端服务示范区

2015年2月，在南海区“两会”上，金融高新区与自贸区的联系以“全方位加强区域合作”为题被写入了区政府工作报告，金融高新区计划努力打造粤港合作高端服务示范区，通过加深粤港澳高端服务领域的合作，搭上自贸区的政策快车。事实上，这一战略定位有着非常复杂的背景。广东自贸区最早叫“粤港澳自贸区”，不仅要打粤港澳融合这张牌，而且当初在划片时，是把香港和澳门划在范围之内的。之后因为争议和操作上的困难，把港澳排除在外，而将紧邻港澳的深圳前海、珠海横琴再加上广州的南沙和白云机场保税区一起打包申报自贸区，名字也改成了现在众人皆知的广东自贸区。不过这并没有影响原自贸区的功能定位，即面向港澳，全面推进金融等高端服务贸易行业的合作，最终目的是引入国际通行的经贸规则和管理制度，倒逼内地的经济体制改革和行政体制改革。经历多年摸索，直到2005年，自贸区局面才逐渐打开，但其成立的积极意义是毋庸置疑的。自贸区首先是国家新区，又是国家的高新技术开发区，有一系列扶持政策。其中最为关键是金融创新的政策许可，这对于金融高新区的金融创新至关重要。为此，金融高新区一直在申请加入广东自贸区。略有遗憾的是，2014年底发布的自贸区规划中，金融高新区并未被划入广东自贸区的范围之内，这意味着金融高新区失去了在这一国家级平台进行金融创新的机会。在这样的冲击之下，金融高新区应当怎样调整自身的发展战略，在粤港澳合作的大背景下找好自己的定位，协调和处理同自贸区之间的关系，是本次南海区“两会”上探讨的重要内容。针对这些问题，许多专家都表达了自己的观点。有观点指出，金融高新区虽然未被划入广东自贸区的范围之内，但南海区仍然会充分发挥其金融改革创新的平台作用，利用其显著的产业聚集效应，更好地推动金融创新、资本市场发展方面的先行先试。中山大学港澳珠江三角洲研究中心副主任林江也表示，广东自贸区审批之后，金融高新区仍大有可为。“自贸区是金融试验的前沿阵地，金融高新区则可以担负起自贸区的后台服务支撑以及大数据整合的功能，这是金融高新区的优势。”广东外语外贸大学教授、广东省第三产业研究会副会长魏作磊认为，广东自贸区的金融业重点是探索创新跨境人民币业务、粤港澳金融深层次合作，促进跨境投资和贸易便利化等，这些金融产业的发展也将对作为“亚太地区现代金融产业后台服务基地”的佛山带来机遇，因为金融业发展离不开后台服务的支持，也将对佛山制造业出口带来利好。2007 年成立以来，金融高新区的发展一直以来都是机遇与挑战并存，终于开拓出一条独特的“金融后台基地”与“产业金融中心”双定位发展道路。此次全方位加强与自贸区的区域合作，意味着金融高新区需要在主动接受自贸区辐射的前提下，充分创造并利用自身的功能优势。金融后台基地的后台服务支撑能力、大数据整合的功能，以及产业金融方面众多的优质项目，都是自贸区建设所急需的。但是，自贸区的政策优惠也将对人才和企业产生强大的吸引力。在这一点上，金融高新区还应在修炼环境内功上下功夫，以更加优越的公共服务、政务环境等留住优秀金融人才、高端金融企业，弥补与自贸区的政策差距。

创新创业：经济发展新动能

“大众创业，万众创新”是 2015 年提出的热词。为了推动创新创业，金融高新区在 2015 年推出了一系列重要举措，包括将民间金融街升格成为众创金融街，引进清华大学五道口广东培训中心以及英诺创新空间孵化基地等项目。这些项目为创新创业者提供了全面的支持服务。其中，民间金融街向众创金融街的转向，主要是引进基金类型的转变。在早期金融高新区引进的基金项目中，主要是针对成熟期企业的风险投资和私募投资等。为了推动创业创新的发展，众创金融街计划重点引进天使投资、创投基金等针对初创企业的基金项目。清华大学五道口广东培训中心，则是针对创新创业的“软件”需求，提供短期的培训课程。而英诺创新空间孵化基地，是满足创业者的“硬件”需求，为其提供优惠的办公场所，并提供创业指导等配套服务。

事实上，嗅觉敏锐、反应迅速的南海区政府早在2015年初双创主题明确时就提出了依托金融高新区等平台打造创新创业者乐园、推动南海品质建设的发展思路。如何定义创新创业者乐园？相关领导在一次发言中总结：“要有良好的创业文化氛围、优质的金融科技服务、优美的自然生态环境、完善的城市功能配套和公平公正的司法保障。”金融高新区与上述定位的匹配程度极高。首先，金融高新区本身就是一个充满蓬勃生机的平台，并且一直以来都是一个勇于创新、走在产业与城市发展前沿的探路者。其次，要建立完善的创新创业生态圈，加强创新资源配置是不可或缺的一环。而这一点与金融高新区致力于金融创新服务的发展态势极为契合。金融高新区作为金融高新技术服务后台基地以及产业金融中心双平台，在提供金融服务、配置金融资源方面具有得天独厚的优势。近年来，金融高新区尤其在私募创投和创新金融服务等领域发展神速。数据显示，目前金融高新区已累计引入私募创投类项目达108个，募集资金规模达254亿元，民间金融街汇集民间资本达40多亿元。广东金融高新区股权交易中心注册挂牌企业1154家，实现股权、债券融资51.15亿元。在创新金融服务上，南海在全省率先推出科技创新券政策，撬动小微企业创新投入。通过开展国家知识产权投融资综合试验区建设，累计实现知识产权质押融资 6.26 亿元，成为南海乃至整个珠三角金融服务、产权投资的重要平台。大量的民间资本以及高效多元的融资平台，可以为各阶段的创新创业提供全方位的金融服务。在环境和城市配套方面，金融高新区早已提前出发，在打造优质生态环境、完善城市配套功能上拔得头筹，常常被戏称为南海的“高富帅”。高低起伏、璀璨如星河的城市夜景，与延绵而出的千灯湖公园、里水展旗楼，共同营造了“快发展”与“慢生活”和谐共存的都市氛围。多个公共自行车站点和公交科技专线，为“高富帅”增添了不少亲和力。除了硬件设施，金融高新区正将建设重点向软实力倾斜，人才优惠政策的力度正在逐渐加大。2015 年初的广州大学城专场招聘会，以及广东—诺丁汉高级金融研究院正在不断提升金融高新区人才吸引积聚的效应。不断集聚的各类人才，将是金融高新区创新驱动不可或缺的智力支撑。

南海区政府打造创新创业者乐园战略，也为金融高新区下阶段的工作定下了基调。为此，金融高新区响应战略号召，提出打造千灯湖创新创业社区，打造创新创业生态圈的重点推进工作。在接下来的一年时间里，金融高新区围绕这个目标进行了许多“大动作”。在 2015 年 5 月举行的互联网投资沙龙上，一众主讲嘉宾探讨了如何在互联网时代打造一个好的创业社区。土生土长的佛山人，主讲嘉宾、深圳前海厚德创业孵化器创始人邓永强认为，对于初创企业而言，天使基金是不可或缺的。因此，他和另一位主讲嘉宾、中比基金和戈壁投资副总裁黄文超，已经联合创立了立足南海本土、面向全国的千灯湖天使基金，预计投入资金 6000 万元，专注于移动互联网、O2O、医疗健康等领域，吸引具有优秀潜力的创新创业项目，为南海建设创新创业者乐园贡献一份力量。除民间资本外，南海区政府也在出资引导创新创业社区的建设，支持区内创新创业活动。当时计划千灯湖创新创业社区将依托金融高新区承业大厦、亿能大厦、中盛国际大厦、民间金融街、39 度空间等载体，以及现有的金洽会、“灯湖论剑”、高新企业路演等品牌活动资源共同打造，社区覆盖面积约0.5平方千米，计划年中启动建设。

千灯湖创新创业社区当时计划建成以孵化器和天使基金为核心的生态圈，类似于中关村的“3W咖啡馆”等孵化器。此类孵化器不仅是定期做项目路演、社交的场所，还将有天使茶馆、培训中心、天使辅导等载体和服务，致力于成为一个真正能够扶持企业成长的创新创业基地，提升整个南海区的创业环境，天使投资者在其中也能获得更大的投资机会。

金洽会：创新创业主题峰会

2015年盛夏，金融·科技·产业融合创新洽谈会再次引爆了创新创业的热点。以往的金洽会获得了辉煌的战绩，受到了企业家和投资机构的一致好评。2015年第六届金洽会，中国社会科学院研究员、北京大学经济学教授樊纲，洪泰基金创始人盛希泰等金融界大咖齐聚一堂，通过主题报告、主题演讲、专场论坛、股权众筹私密对接等形式，为企业走上发展融资之路释疑解惑，推动投资机构与企业项目实现对接。在会上，精选的15家企业项目将进行路演PK和股权众筹私密对接。会议当天的火爆场面让主办方都颇感意外，投资机构、企业、个人及媒体超过1000人参会。这次大会共有4场主题演讲、3场专题讨论。内容从宏观层面的经济形势分析，到专业领域的中国式股权投资基金发展战略，以及这次金洽会的主题重点：创新、创业与创投。

对于创新、创业与创投之间的关系，来自创投机构的大咖在此次洽谈会上展开了头脑风暴。其主要观点认为，随着互联网技术对各行各业的渗透越来越深入，“互联网+”的创业会出现无穷多的组合，这使得现在创业会变得容易很多。与此同时，越来越多的创投机构也使得创业活动的风险性降低。原本创业可能需要创业者把自己甚至全家的“压箱底钱”拿出来，而现在可以借助创投，用别人的钱来实现自己的梦想。但是随着业界形态的不断升级，简单的创业项目越来越难以获得投资者的青睐，对于创投来说，创新成为最重要的考量。也就是说，缺乏创新的创业项目将越来越难以获得创投的关注。对于创投机构而言，佛山传统的优势产业非常多，市场也很大，可能的创新创业机会非常多。传统产业进行创新需要很多资金流和大量的创投机构参与进来。在创新创业的服务支撑上，当地政府机构为营造创新创业环境做了许多工作，直接的如为优秀的创业机构提供创业奖金，降低场地租金；间接的如搭建相应的融资平台，举办创业企业和创投机构的对接会等。

2014 年的金洽会上推出了蓝海众投平台，2015 年的金洽会上广东金融高新区股权交易中心再次推出“广东金融高新区股权众筹平台”，为投资者和企业融资增添一个选择新渠道。股权众筹平台将依托广东金融高新区股权交易中心现有的投资会员机构及成熟的股权登记托管、交易结算等系统功能，实行推荐和领投模式，为股权众筹平台及创新创业项目提供投融信息交互、项目展示、线下路演、资金监管、投后信息管理、股权登记托管、交易转让和配套引导基金等第三方综合服务。相较于蓝海众投平台，众筹平台属于权益类、股权类，而前者属于债务类。债务类的融资产品对投资者来说是没有风险的产品，属于间接融资，但是相应地吸引力也较弱，还不能真正满足企业的发展需求。而这次的众筹平台则可以构建整个股权融资的生态链，把企业和投资者拉得更近。为保证该平台的功能发挥，目前广东金融高新区股权交易中心已完成了相关措施配套。其中包括：设立全资子公司广东灯湖投资有限公司，为企业提供众筹咨询、指导，并参与广东股交众筹平台上线项目的领投或跟投；承接孵化器管理，探索引进政府引导基金及孵化器，为创新创业企业提供更丰富、更便捷的资金资源、政策资源；为成功众筹的企业提供后续一系列资本市场发展辅导、培育服务；探索纵向产业众筹，与中山、汕头等地的特色产业龙头企业探索成立细分产业众筹并配套引导基金、孵化器等功能，对众筹进行产业细分，更有针对性地支持各产业的创新创业发展。

2015 年金洽会的重头项目依然是优秀创业项目的路演和股权众筹的私密对接活动。在这次金洽会上，共有 15 个创业项目进行路演，涵盖医疗健康、现代服务 O2O 和先进制造等领域。以往的金洽会都是爆满，频频上演私募创投机构“争抢”项目的场面。2015 年的金洽会也不例外，来自北京的 O2O 项目“爸妈搜”在路演的提问阶段就有 3 名投资人当场表示出对接的兴趣。金融高新区经过多年的发展日益获得业内人士的认同，通过该平台可以让科技创新企业与金融资本无缝对接，借助金融高新区辐射佛山乃至珠三角雄厚的民间资本，可以预见，未来将会有更多针对初创企业的基金项目慕名前来。

金融后台基地新台阶：中国人民银行广东金融电子结算中心 & 广东省农信社后台基地

在坚持“双定位”的基础上，2015 年金融高新区的后台基地建设迈上了新台阶。在金融后台基地建设这一领域，2015 年最为亮眼的成绩包括中国人民银行广东电子结算中心以及广东省农信社后台基地的入驻。其中，中国人民银行广东电子结算中心的前身是广州银行电子结算中心，该机构最初于 1998 年经中国人民银行总行批准成立，位于广东省天河区科技园，是当时众多省级电子银行结算系统的负责机构之一，主要负责该区域的资金结算、票据管理等业务。经过十几年的发展，该电子结算中心每日需处理来自全省 3000 多个银行网点的近 6 万笔票据业务，日均经手超过 9100 亿元的资金和 112 万笔的汇款业务。广州银行电子结算中心入驻金融高新区，不仅仅是一次“搬家”，而是通过这次签约合作，将结算中心进行升级，使其成为广东金融电子结算中心。

区别于其他布局省会城市的电子结算中心，该中心计划成为全国首个位于省会城市之外的，辐射全省乃至港澳的结算中心。

作为金融后台服务中心，广州银行电子结算中心具有科技含量高、高级人才密集、吸纳就业量大等特点。广东金融电子结算中心落户金融高新区，不仅能够衍生出与之相关的金融技术支撑等相关业务，更能逐步衔接金融创新业务，并与国际金融相关事务清算结算对接，具有很大的空间和前景。也就是说，结算中心落地固然重要，但意义更为重大的是随之而来的金融上下游产业链的聚集。事实上，该结算中心还有数家子公司和合作公司，这些公司都计划跟随结算中心一起落户金融高新区。当这些实力雄厚的公司聚集在千灯湖畔时，金融行业信息流和创新氛围也将在此聚拢。

广东省农信社后台基地的入驻，是金融高新区金融后台基地建设的第二件大事。广东省农信社是广东省农合机构的联合体，用来管理广东省 23 个地市的农村商业银行，将后台基地迁入金融高新区，意味着广东省各地市农商银行的后台数据都将汇聚在此。不仅如此，广东省各农商行的员工培训也都将放在金融高新区进行。这两大平台的入驻，充分说明了金融高新区的后台基地建设已经发展到了一个新高度，充分体现了金融高新区的强大实力和广泛影响力。

从“傍大学”到“办大学”：广东—诺丁汉高级金融学院

2015 年初的金融高新区专场招聘会在广州大学城成功举行，这是金融高新区首次举办面向高校学生的专场招聘会。区内的 28 家知名企业参加了此次招聘会，并向应届大学生提供了涵盖财务、会计、策划、人力资源管理、销售等领域的近千个岗位。这次招聘会吸引到了近千名应届毕业生前来，现场收到的简历就有 700 多份。此次招聘会的成功，对金融高新区有着非比寻常的意义，是对金融高新区七年快速发展的正面肯定。首先，大量年轻人才的关注和青睐，足以说明金融高新区对人才的吸引力已经开始显现。而区域的吸引力，最能体现治理者的综合施政能力，这不是简单的投资修路建楼就能实现的。全国已经有太多空旷颓废的高新区、产业园和开发区。没有人气、没有活力，整个区块只会变成一块巨大的折旧资产，对城市发展弊大于利。

金融高新区对年轻人才的吸引力，主要体现在几个方面。

首先，参与招聘会的 28 家企业，既有毕马威、德迅信息、凯捷、友邦保险、汇丰环球等知名国际企业，也有沃银科技、东方汇银等科技投资企业。这些行业知名企业的工作机会，对于年轻的应届毕业生来说意味着极有竞争力的薪资待遇、良好的发展前景以及绝佳的学习机会。事实上，参与本次招聘会的所有企业，除了标注“薪资面议”的企业，普遍都将薪酬标准设定在 3500 元以上，其中不少企业对于特别急需的岗位开出了过万元的薪酬，而且很多企业的薪酬待遇水平与北京总部齐平。据相关数据统计，2015 年本科应届毕业生平均月薪为 3694 元，其中，北、上、广、深四地的应届毕业生平均月薪为 4364 元，其他直辖市及省会城市的水平为 3692 元，而地级市的平均水平仅为 3162 元。可以看到，上述企业开出的薪资水平，不仅普遍高出全国地级市的平均水平，在省会城市中也是非常有竞争力的。而对于一些企业特别看重的岗位，其薪资水平可与北、上、广、深等一线水平媲美。除了薪资待遇，发展前景也是求职者关注的重要方面。参与招聘会的知名企业中，大多是在金融高新区设立的分支机构，基本处于方兴未艾的快速扩张阶段，因而能为新进人才提供更多的学习与锻炼机会以及通畅宽敞的职业上升渠道。不仅如此，作为全省唯一的金融后台服务基地、广东建设金融强省七大基础性平台之首，金融高新区已成功引进 200 多家国内外金融机构及知名企业。经过七年多的发展，产业集聚效应逐渐显现，目前已吸纳近 2 万名中高端人才前来创业、就业。产业行业的集聚效应，对人才而言意味着更高的眼界与技术水平、更广泛的人脉，以及更优质流动的机会。对于应届毕业生而言，大量优质企业的集聚，为他们的未来提供了更多可供选择的空间。

其次，是其绝佳的地理位置和便利的交通条件。许多家就在广州，或来自周边城市希望在广州发展的应届毕业生，认为在金融高新区和在广州没有什么差别，很多时候从广州往返金融高新区，要比在广州本地上班还要便利。加之“广佛同城”战略的提出，广州与佛山的联系更加紧密，进一步增强了年轻人才在金融高新区就业的吸引力。

最后，许多应届毕业生亲自来过金融高新区，对金融高新区的生活环境有着切身体验。金融高新区内公园绿化、基础设施建设、生活配套一应俱全，营造出了高端、休闲、舒适为一体的工作与生活环境，使快节奏的工作和慢节奏的生活完美结合。金融高新区的生活工作环境丝毫不输一线城市，但生活成本却低得多。除了硬件设施的建设，文化方面的软环境也越来越受到重视，金融高新区正在逐渐形成自己的文化特色和城市氛围，这一点也吸引了很多应聘者前来。

除了区域吸引力，新鲜血液的流入也是金融高新区产业生态健康可持续发展的重要标志。金融高新区内的许多企业刚入驻时，带来的依然是原班人马，因此在初期一度经历过高离职率的困扰。随着人才的不断流入，大多数员工经过替换迭代，正在逐渐形成新的有归属感的本土团队。

“傍大学”的揽才方式，主要目标是吸引优秀的应届毕业生。与此同时，金融高新区也在采用引进大学合作项目的方式聚集高端人才。2014 年 8 月成立的广东—诺丁汉高级金融学院就在此类。广东—诺丁汉高级金融研究院由广东金融学院和英国诺丁汉大学共同发起成立，该项目是英国首相卡梅伦访华期间所签订的中英合作项目之一，也是中英金融融合的重大项目，经过广东省政府的大力争取，最终落户南海。作为英国著名学府诺丁汉大学在亚太地区成立的首个国际性高级金融研究院，学院的目标定位是高端金融人才培训和教育基地，为广东金融高新区发展和广东金融改革创新综合试验区建设提供高端人才培训服务和智力支持。通过广东金融学院和英国诺丁汉大学在金融高层次人才培养上的合作，填补广东省在金融人才结构上的空白。

为了实现人才培养方面的目标，初期，学院将以提供短期培训为主，面向不同需求的中高端人才提供诸如“金融领导力读书班”的定制培训课程。长期的建设目标则包括高层次金融人才培养、从业人员培训、新型国际化金融智库建设以及国内外金融战略机制、产业技术的合作、研究与应用等方面。广东—诺丁汉高级金融研究院的成立对于金融高新区内人才的最大利好，在于其能提供的学历教育机会。学院将成为宁波诺丁汉大学华南地区金融博士教育点。除了博士教育，未来学院还将设立硕士文凭，开展硕士课程教学，使广东的高端人才能够在本地接受国际化金融专业教育，培养具备国际化视野、具有丰富金融实践经验且密切联系地方产业和金融实际的高学历人才。对于金融高新区而言，广东—诺丁汉高级金融学院的成立也将促进区内金融、科技、产业的创新融合，使国际先进的金融理论和技术获得落地的空间，进一步促进园区内金融产业和高科技企业的合作，加速园区企业的技术升级和高新产业的孵化过程。未来，学院将建设南海诺丁汉国际博士创新基地，南海区政府将以订单培养的方式，由政府、企业设立博士培养专项资金定向培养符合南海本地金融和产业需求的博士，并以此项目为平台，面向英国、德国等欧洲传统制造业强国，吸引产业技术方面的博士、博士后人才，开展各类科研合作和创新创业项目。

对于园区内人才的另一个利好体现在城市环境建设方面。2015 年，千灯湖公园以其在公众参与和产业集聚方面的强大影响力，从 200 多个参评项目中脱颖而出，勇挫新加坡滨海湾等世界著名公园，首次为中国捧回全球城市开敞空间大奖。全球城市开敞空间大奖是由美国城市土地学会（ULI）组织评审，有景观设计行业全球“奥斯卡”之称，每年评选一次，用于奖励那些提升了社会经济并活跃了社区的公共空间建设项目。2015 年 3 月，南海区政府与美国 SWA 集团（千灯湖设计单位）联合为千灯湖公园申报该奖项，与来自全球的 200 多个项目进行大奖的角逐。金融高新区内的千灯湖公园，在近十年间成为南海城市居民参与公共活动的重要开放性区域。数据统计，2011—2015 年，有超过百万人次参与了在千灯湖公园举办的各种团体性活动。评奖专家在评审时认为，千灯湖公园对促进南海城市发展、提升城市形象和居民生活素质起到了积极的作用。最终，千灯湖公园与美国俄克拉荷马城万木花园击败新加坡滨海湾、伊利诺伊州芝加哥千禧公园、加利福尼亚圣莫尼卡市通瓦公园和 Ken Genser 广场、华盛顿特区华盛顿运河公园等其他 4 个入围最终评选的项目，并列 2015 年全球城市开敞空间大奖第一名。事实上，千灯湖公园也从根本上改变了城市发展轨迹。在千灯湖公园的建设中，结合了城市升级、三旧改造、产业转型、环境提升、改善民生等内容，令该片区由老旧低矮的厂房蜕变成为复合型的城市中心区域，极大地促进了城市发展和产业集聚。在接下来的建设规划中，南海继续扩大“泛千灯湖”的概念，其中向北拓展延长沥桂轴线；向南融合怡海公园东平水道，形成南面绿色的城市轴心；向东对接平洲映月湖公园、三山新城；向西连接佛山城市中轴线，持续擦亮“千灯湖”这张城市名片。

第 13 章　不忘初心 金融风控追本溯源

本章主要描述了 2016 年度“新常态”下金融高新区的各项主要工作成果。在供给侧结构性改革的背景下，金融高新区的发展战略也发生了相应的微调。在大力支持发展创新创业的基础上，金融高新区的互联网金融和民间金融发展遇冷，这主要是受到了宏观经济环境中产业风险累积的影响。然而，金融高新区对于金融产业发展的探索并未止步，相反，通过对金融风险的反思和总结，金融高新区一方面提出了“信用为本”的金融产业发展理念，希望通过回归金融风险控制的源头，来解决金融风险的问题，推动金融产业的发展；另一方面，金融高新区积极发展金融租赁的创新项目，从另一个方向探索降低金融风险的产业发展道路。

供给侧结构性改革“新常态”下的金融高新区

2016 年，中国经济进入“新常态”。在经济新常态下，我国整体经济正面临要素成本快速上升、资源环境约束强化、部分产业产能严重过剩，以及发达国家再工业化与后发国家追赶等带来的严峻挑战，还面临着经济下行压力加大、经济增长效率恶化、金融风险不断累积的严峻形势。经济新常态的重要表现之一，就是经济整体增长乏力，急需新的增长动能。一直以来，我国经济增长依靠的都是所谓的“三驾马车”：投资、消费和出口。世界金融危机之后，我国实施了非常宽松的货币政策和积极的财政政策。在双重刺激之下，宏观经济政策犹如一剂“强心针”，使经济获得了快速的恢复。但是，与此伴生的问题是，政策刺激的正面效果正在逐渐减弱，而负面效果却在累积中开始显现。2009 年以来，投资对我国经济增长的拉动作用不断降低，总体呈下降趋势。投资拉动经济增长的比例从 2009 年的 7.9% 降低至 2015 年的 2.9%，这说明依靠投资拉动经济增长的模式不可复制，原因是随着我国资本存量的增大，投资的边际效用正在逐步减小。从产业的角度来看，过度积极的财政政策与宽松的货币政策极大地拉动了钢铁、电解铝、水泥、平板玻璃等行业的市场需求，使得这些行业企业面临的竞争压力锐减，一方面大大减弱了这些行业企业提质增效、转型升级的动力和压力；另一方面使得低效率企业重新获得了生存与发展空间，阻碍市场份额与资源向高效率企业集中，也使得其中原本面临破产退出的低效率企业能继续生存下去，低效率企业以及过剩产能难以退出市场，进而给整个国民经济供给体系的灵活性和动态效率带来极大的不利影响。与此同时，消费对经济增长的拉动作用在 2011 年达到峰值，高达 6%，之后逐步回落，并稳定在 4% 左右的水平上。与 2008 年相比，消费对经济增长的拉动并没有明显的变化，这说明我国实施的扩大内需消费战略并不成功。随着贫富差距的逐渐扩大，购买力不足确实是造成扩大消费战略不成功的原因之一，但并非主要原因。根本原因还是国内商品市场低端产品产能过剩，而中高端产品供给不足，无法满足人们日益增长的消费需求，从而使广大消费者从国内商品转向进口商品。这一点从海外代购行业的异常火爆可见一斑。在出口方面，除 2009 年出口对经济增长的拉动作用降低为 -4% 外，其余年份均保持在 0% 左右，说明出口对经济增长的贡献已可忽略不计，出口对经济的拉动作用减弱甚至消失。与我国人口红利消失、人均收入水平提高以及以低附加值为主的出口结构有很大的关系。一方面，我国人均收入水平的提高极大地增加了劳动力成本，加上人民币持续的升值压力，我国的劳动力密集型产业在国际市场上的竞争力逐渐减弱。原本的“中国制造”正逐渐被“越南制造”“印度制造”所替代。这意味着低端产业正逐渐向劳动力更为廉价的国家转移。另一方面，由于我国多年来存在巨大的贸易顺差，世界范围内的贸易保护主义开始抬头。各国制定并开始实施了愈加严苛的反倾销法案，仅美国在一年内就对我国的出口活动进行了近100次的反倾销调查。内部的釜底抽薪、外部的围追堵截，使出口导向型低附加值产业的生存环境日益恶化，出口对国民经济增长的拉动作用减弱甚至消失。

在这样严峻的经济形势下，2016年1月27日，中共中央总书记、国家主席、中央军委主席、中央财经领导小组组长习近平主持召开中央财经领导小组第十二次会议，研究供给侧结构性改革方案。简单来说，供给侧结构性改革，就是用改革的办法推进结构调整，减少无效和低端供给，扩大有效和中高端供给，增强供给结构对需求变化的适应性和灵活性，提高全要素生产率，使供给体系更好地适应需求结构变化。作为国家顶层宏观战略，供给侧结构性改革包含的内容非常多，覆盖的领域非常广。在这里，我们重点讨论供给侧结构性改革战略的提出对金融高新区发展的影响。

可以毫不夸张地说，供给侧结构性改革要解决的问题，至少有一半是金融体系供需失衡的问题。世界金融危机之后，我国货币供给的大水式漫灌，使银行手中握有大量的可贷资金。在利率市场化改革的推动下，存贷款基准利率2013年起进行了大幅度下调，这意味着企业获取融资的成本大大降低。银行作为金融中介机构，本应起着信贷资源再分配的重要作用，然而大量文献研究表明，效率较低的国有企业能够以贷款基准利率，甚至更低的水平获取贷款，而中小企业的融资成本相对要高出许多。从现有数据来看，中小企业的融资成本大约是银行信贷成本的3倍，其融资成本水平约为15%，且并没有随着贷款基准利率的下降而下降，这说明中小企业融资面临的信贷歧视现象依然严峻。尽管近两年来我国出台了多项针对中小企业贷款的优惠政策，但由于国有企业隐性担保的存在和中小企业高风险特征，中小企业“融资难、融资贵”的问题依然存在。相较于大型国有企业，中小企业普遍更具有市场活力，其创新意愿和创新需求也更为迫切。但在当前的金融体系下，资源配置的低效率难以有效支持广大中小企业的技术创新，而技术创新能力不足又导致产业结构转型困难。这是供给侧结构性改革亟须解决的难题之一。金融产业的供给侧结构性改革，应是供给侧结构性改革的起点和基础。我国经济发展中最终的供需矛盾是金融体系供需失衡导致的资源配置效率低下问题，传统的金融业态发展已经到了瓶颈期，金融创新不足将导致金融业难以有效地服务于实体经济。因此，金融创新将是金融产业供给侧结构性改革的重点和难点。

金融创新是否一定能推动经济增长？这一点学界其实并没有得到明确的结论。著名的经济学家克鲁格曼曾指出，金融创新并未真正提高生产力，其发展本质上是垄断者为寻求垄断租金而产生的寻租问题。全球金融危机爆发前，金融创新被描述为产生正外部性的“经济增长发动机”，危机过后，大量经济学家得到了相反的结论。近期研究表明，金融创新对经济增长的作用，主要是由金融创新—技术创新—经济增长的作用链条能否实现来决定的。早期的研究显然忽略了对金融创新功能的分类。简单来说，金融创新能否促进经济增长，取决于金融创新的方向和方式选择。不同类型金融创新的功能不同，对技术创新的作用不同，最终对经济增长的影响也不同。如果说对于投资领域的金融创新可以用金融创新—技术创新—经济增长的作用链条来解释，那么消费领域的金融创新呢？导致世界金融危机发生的次级贷款，毫无疑问属于消费领域的金融创新，那么在没有推动技术创新的情况下，金融创新是否一定会对经济增长起到反作用呢？我们认为不能一概而论。金融的本质是风险和收益的博弈，单从收益增加的角度去衡量金融创新的作用，显然是不可取的，次级贷款即是如此，其忽略了收益增加所伴随的巨大风险。因此，金融创新的方向，应该是从收益增加和风险降低这两个方面进行。对于传统的银行信贷项目而言，当项目收益率较低时，实行降低项目监督成本的金融创新能够促使银行对投资项目进行监督，且能大幅度提高信贷项目的投资成功率。因此，降低监督成本的金融创新能够促使银行提高对企业投资项目的信贷支持，有助于将资金注入实体经济中。在当前的经济形势下，中小企业“融资难、融资贵”的问题同时存在，且同样严重。提高资金回报率的金融创新不能有效引导资金流向实体经济，难以助力企业转型升级，无力推动企业科技创新能力发展，无益于供给侧结构性改革目标的实现。所以金融创新的主要方向，应当聚焦于如何利用互联网及大数据等先进的技术手段不断降低风险，减少监督成本等方面。

围绕着供给侧结构性改革战略，金融高新区在2016年度有针对性地开展了各项工作。从招商引资策略的转变，到金融产业发展重点的调整，处处都可以看到宏观战略影响的痕迹。下文中我们将对金融高新区2016年各方面的重点工作进行简要回顾梳理，还原其工作开展思路，对其路径及成果进行探讨。

风险累积 金融产业风向突变

在产业发展方面，创新创业的主题依然延续到了2016年。在经济新常态下，创新创业将成为推动经济增长的新动能，这一观点受到了普遍认同。南海区的“十三五”规划中，就将创新驱动引领产业转型列为五大工作的首位，推动扶持双创工作的重要性不言而喻。那么，应当如何推动创新创业？通过回顾金融高新区的相关工作，我们整理出了一些推动双创工作的里程碑事件。2016年10月，为加快发展新经济、培育发展新动能、打造发展新引擎，广东决定在全省范围内培育一批具有市场活力的双创支撑平台，推广一批适应不同区域特点、组织形式和发展阶段的双创模式和典型经验，并制订了《广东省建设大众创业万众创新示范基地实施方案》。在此方案中，金融高新区入选首批省级双创示范基地。金融高新区所属的区域示范基地类别建设任务为：依托全面创新改革试验重点区域、珠三角国家自主创新示范区、国家综合配套改革试验区、国家和省级高新技术产业开发区、留学生创业园等载体，以创业创新资源集聚区域为重点和抓手，集聚资本、人才、技术、政策等优势资源，探索形成区域性的创业创新扶持制度体系和经验，将区域示范基地建设成为新兴产业集聚区和区域经济新增长极。主要包括：要推进服务型政府建设，积极承担全面创新改革试验任务；完善双创政策措施，对制约创业创新的制度瓶颈进行探索突破；拓宽创业创新融资渠道；构建创业创新平台；加强双创文化建设，努力营造鼓励创新、宽容失败的社会氛围等。入选省级双创示范基地，既不是双创工作的起点，也不是终点，而是对金融高新区两年来积极推动双创工作成果的肯定，也是对未来金融高新区双创工作的指导和部署。可以预判，入选省双创示范基地后，金融高新区将能享受到更加宽容的制度环境和相应的资源倾斜，这对于正在建设全球创客新都市的南海区而言无疑是极大的利好消息。

推动创新创业的第二项重点工作是积极引进各类创新平台、孵化器、加速器等创新创业引导配套机构。一直以来，创业者最大的痛点都在于定位、渠道和融资等方面，投资孵化机构不仅要给创业者解决融资问题，还要辅导他们准确定位自己的产品、快速开拓商业渠道等。2015 年 11 月，英诺创新空间孵化器进驻金融高新区，到 2016 年底，英诺创新空间共孵化 51 个项目，其中注册成立 42 家公司，总注册金额约 2500 万元，成功出孵 19 个项目。2016 年 5 月，广东天使会创业孵化加速器也进驻金融高新区。作为金融高新区“千灯湖创新创业社区”的又一重点孵化器，该项目可以为初创企业提供萌芽期和成长期的咨询和场地支持等服务，并通过沙龙、培训、大赛、论坛等活动促进创业者之间的交流和资源共享。广东天使会孵化投资的项目主要涉及文创、大数据、新消费、泛娱乐等领域，接下来计划结合佛山本地产业结构布局，重点关注制造业转型升级的创新项目，特别是传统企业如何利用“互联网+”转型。截至2016年底，佛山众创金融街已涵盖孵化器、加速器、天使投资、创业公寓、创业学院、一站式创业行政服务、路演中心等多种创业服务业态，构建起多层次、多元化的投融资体系。

第三项重点工作是关于佛山市创新创业产业引导基金。2016年3月，佛山市政府印发了《佛山市创新创业产业引导基金设立方案》，设立规模100亿元的创新创业产业引导基金，并引进中国本土实力最强的投资机构之一——深圳市创新投资集团有限公司，与佛山政府金融平台——佛山市金融投资控股有限公司合作，组建成佛山市红土创新创业产业引导基金投资管理有限公司进行管理运营。双创基金总投资规模100亿元，由市政府出资20亿元设立引导基金，各区财政、专业管理公司、金融机构和其他社会资本出资80亿元，采用母子基金结构投资运作。通过设定政府让利机制，吸引金融资本、社会资本和专业投资机构参与，充分体现财政资金的引导作用和杠杆效应。此外，“双创”基金计划未来还将设立10～15只子基金，总体规模将达到100亿元，其中60%投资于佛山本地的重点发展行业。2016年4月中旬，创新创业引导基金合作推介会在广东金融高新区股权交易中心召开，现场吸引到了86家国内知名投资机构，各投资机构对如何做好双创基金后续的工作、活跃佛山的创新创业氛围，提出了建设性意见，不少机构表示已经着手申请子基金事宜。6月初，区政府常务会议出台了《南海区创新创业投资引导基金管理办法》，希望从资本供给层面，通过财政出资、参股创投机构的形式，发挥财政资金的杠杆放大效应，增加创业投资资本的供给。根据此办法，南海区计划设10亿元的引导基金推动创新创业。引导基金首期规模3亿元，计划由财政出资，委托南海区公有资产公司南海产业发展投资有限公司运行运营和管理。9月底，首批创新创业投资引导基金正式接受申请，计划按照3亿元规模对外发布。10月底，双创引导基金正式签约首批10家子基金合作机构，标志着双创基金战略的正式落地。

2016年，由于政策环境的变化，金融高新区的部分工作也受到了一些影响。其中最主要的影响体现在互联网金融和民间金融领域。10月中旬，国务院发布了《互联网金融风险专项整治工作实施方案》。该方案的提出，和近几年互联网金融的爆炸式增长所带来的风险问题息息相关。近几年，互联网金融快速发展，在发挥积极作用的同时，也积聚了风险隐患，干扰了市场秩序。此次开展的互联网金融风险专项整治，旨在规范各类互联网金融业态，形成良好的市场竞争环境，促进行业健康可持续发展；旨在更好地发挥互联网金融在推动普惠金融发展和支持大众创业、万众创新等方面的积极作用；旨在防范化解风险，保护投资者的合法权益，维护金融稳定。方案的重点整治对象包括P2P网络带宽和股权众筹业务、通过互联网开展资产管理和跨界从事金融业务、第三方支付业务以及互联网金融领域广告等行为。我们在前文中曾分析了互联网金融的本质和风险，当前随着业态的快速发展，互联网金融的业务模式和运作形式都发生了很大的变化，但是其根本的风险本质是不变的。在任何一个行业中，监管总是追随着创新不断前行，此次的整改方案也是对不断创新的互联网金融产业的一次监管升级。专项整治的真正目的，是要扭转、纠正互联网金融某些业态创新跑偏的局面，对借创新之名行违法违规活动之实的机构予以清理规范，对开展有益创新、合法合规经营的机构予以支持保护，引导互联网金融行业步入正确的创新轨道。受互联网金融整改方案的影响，金融创新领域的风险问题普遍得到了重视。金融高新区在本年度接连开展了加强防范处置金融风险和非法集资工作，加强对小额贷款公司、融资担保公司等地方准金融机构监管工作以及对互联网金融企业的摸底排查工作。一系列收紧监管的行动，使金融高新区民间金融和互联网金融的发展骤然遇冷，尤其是民间金融街的小微贷款行业发展基本停滞。

信用为本 此路通否?

整个南海的经济主体都是由民营经济和中小企业构成的，而中小企业融资难贷款难的困境由来已久，早已是一个全国性的问题。金融高新区的产业金融发展之路，正是希望通过发展银行外金融来解决问题，于是建立民间金融体系和多层次资本市场，从而为中小企业融资提供渠道。随着民间金融和互联网金融在近几年的快速发展，金融风险快速累积，2016 年出现了较为集中的风险爆发隐患，中小企业的融资渠道似乎要寻求另一条道路。一直以来，企业的融资途径 90% 以上都是通过银行进行融资，而最基本的融资方式则是抵押。然而对于创业企业和中小企业来说，可抵押资本依然不足，因而抵押贷款对这些企业而言始终是一个迈不过去的门槛。

在金融风险和企业迫切需求的双重压力下，金融高新区于 2016 年底提出了建设信用体系的工作思路。“人无信不立，业无信不兴”，诚信对小到个人、家庭、企业、行业甚至一个社会的良性运营都有着重要意义。在全面深化改革的新时代、新形势下，南海区在信用体系建设方面做了多方努力，并以金融高新区为试验田，探索“信用为本 · 跨界共享”的新模式，按照优化结构、强化监管、市场导向为原则，推动以抵押为主向信用为本的融资方式转变，解决供给侧结构性改革的成本问题。

2016 年 11 月底，南海举行的金融创新发展大会的主题就是“信用为本，跨界共享”。会上正式发布了《广东金融高新技术服务区跨界创新行动计划》，计划将围绕推进金融创新和规范金融发展双主线，将金融高新区打造成为全国金融创新示范区。南海将由此通过推动信用体系建设，一方面为各类金融机构与企业提供更优质便捷的服务；另一方面则强化地方政府联合执法、推动政府部门之间的协作，推动金融业态的跨界融合。“信用”作为此次大会的主题之一，并非只是口号而已。一系列信用平台和项目在大会中正式亮相——“创融汇”佛山创新创业服务平台、南海区信用与金融创新应用平台、广东省中小微企业信用信息及融资对接平台、“广东省征信体系示范区建设备忘录”、南海区“政银企”征信云项目，这些都与“信用”建设息息相关。可以看到，金融高新区正在探索一条从“抵押为主”，逐渐转换成为以“信用为本，抵押为辅”的金融产业发展新路子。在“信用”这一关键环节上做文章，可以着力解决中小企业的融资难问题，促进金融更好地服务于实体经济，助力供给侧结构性改革降成本举措。

金融制度改革发展诱导信用制度变迁。我国金融业的信用制度和征信系统的建设始终在随着金融业的发展而改变。20 世纪 90 年代中后期，我国金融业一度面临着逃废金融债务、不良贷款集中违约的状况，对金融体系的稳定安全造成了极大的威胁。2006 年，为加强银行间信息共享，中国人民银行建成了全国统一的金融信用信息基础数据库（征信系统）。征信系统的建立为金融业带来了深刻变革，为金融机构审慎放贷、实施贷后管理、降低交易成本等发挥了重要作用。然而，仅仅依靠央行的征信系统也导致了信用体系的不健全。民间征信、社会信用体系的缺失造成了金融资源的错配，具体表现为金融机构集中偏向对国有企业、大型企业提供信贷资金支持，而对急需资金供给的中小微企业、初创企业、“三农”等短板领域缺乏相应的支持。可以说，我国的信用体系也存在着结构性失衡的问题。

随着互联网、大数据等技术的快速发展，2016 年，广东省出台了一系列政策文件，将金融扶持政策与信用体系建设挂钩，希望通过增强财政政策与产业政策的协同效应，来应对金融供给侧结构性失衡的问题。事实上，在许多发达国家和地区，部分银行业已经开始实践“信用贷款”和“知识产权贷款”并积累了一定的经验。在中国东部经济发达地区，也有许多银行业界已经开始探索中小企业信用贷款的有效方式。南海市政府通过积极创新和学习，希望推动传统“抵押贷款”到“信用贷款”的改革，以满足现时代企业发展融资的需求。通过建立金融联合执法机制、打造征信示范区、打造信用全链条激励约束机制等措施营造诚信的金融法制环境，意在培养健康的金融生态环境，福利于守信者，限制于失信者。到 2016 年 10 月前后，中山、江门等地市均已打造了由地方政府主导的信用信息和融资对接平台。该平台旨在为金融机构与中小微企业提供政策咨询、融资辅导、发布供求信息以及网上对接等服务。

2016 年底，佛山提出建设信用体系的工作思路，并在同期推出了系列项目，可以说是广东省第一批“吃螃蟹”者。事实上，关于如何实现“信用为本”，区政府提出了几个建设思路：第一是数据层面，利用南海区数据统筹局，对三十年来全区 70 多个行政部门的上百万条的企业数据进行统筹梳理，形成一个数据接口，实现政、银、企的数据共享。一方面利用互联网和大数据技术，通过政府主导建立起来的征信系统，为佛山广大的中小微企业提供精准合身的征信服务；同时对于资质良好的企业也是个增信的过程。在信用为本的环境中，企业良好的信用将等同于企业良好的资质资产。这无论是对当地金融机构，还是本土中小微企业，都是有着重要意义的。第二是营造信用为本的营商环境，联合相关行政执法机关开展工作，尝试解决法院执行难的问题，建立良好的反馈机制，为发展资质好的企业搭建“绿色通道”，对不守信的企业进行严惩。第三，除了技术手段，行政手段，还希望能通过市场手段来进行介入，如通过行业协会来进行行业约束等。通过充分发挥各方面的力量，创造一个信用为本的营商环境，让信用企业如鱼得水，失信企业寸步难行。

在具体操作层面，2016 年底搭建的“政银企”征信云平台是一个重要的标志。该平台以南海区的数据统筹为基础，搭建数据信用档案，让拥有良好信用的企业可以无抵押无贷款。从后期收集到的数据来看，该平台的运作效果远超预期。截至 2017 年 6 月底，南海区支持企业融资专项资金累计审批企业申请 954 笔，金额 103.54 亿元，涉及企业 303 家。

同期，金融高新区内的一些银行也在探索大胆创新的担保方式。南海农商银行开展了知识产权的质押、股权质押融资业务，引入了政府信贷风险补偿基金，推出多款免抵押、有贴息的创新产品等。在融资渠道创新发展的政银企合作中，银行的主要工作是把相关金融需求进行对接，设计出一些创新产品。银行作为面对客户的一线金融机构，对市场需求反应及时。同时，因为南海农商银行属于地方行，有产品创新的定价权和设立权，在流程上也可以做到迅速反应。而政府在合作过程中能够提供担保和补贴，让企业客户进一步降低融资成本，获得轻松生长的空间与环境。

在跨区域合作方面，2016 年底，粤桂黔高铁经济带中小企业综合征信联盟成立，联动地方政府、金融机构、名企代表、行业协会、信用机构等多方开展联合征信机制。南海还将构筑信息共享共建有效机制，探索与人民银行对接广东中小微企业信用信息和融资对接平台，实现中小微企业的信用查询、信用评级、网上申贷及融资供需信息发布、撮合跟进。这项举措不仅在全省，在全国范围内都是领先的探路者。

“信用为本”体系的建设需要多方协作，金融高新区在此的角色定位是试验田与示范区。这也就意味着质疑的声音将始终存在。从该不该由政府主导到能不能做得好、能不能可持续地做下去，等等，这些问题虽然目前都还无法解答，但是从短期来看其所起到的积极效果和广泛的影响力是有目共睹的。按计划，南海力争到2020年底基本建成覆盖全区的重点行业领域的信用全链条激励约束机制。这预示着金融高新区内各金融机构、银行、法院等职能部门将进行更加深入细致的合作，不仅如此，社会信用体系的建设还将需要民间征信行业的配合，统一征信服务行业的行业标准，提升信用服务机构专业化服务水平，创新开发有特色、多层次、多样化的信用产品，充分利用市场和机制的力量推动信用为本体系的可持续发展，最终实现“南海信用高地”的理想目标。

金融租赁：金融创新的探索之路

随着2015年、2016年互联网金融风险的累积，整个金融产业进入严控风险的阶段，不断出台的调控和专项整治方案让互联网金融的发展快速降温。在此背景下，金融高新区主动转向，将目光聚焦在风险更低、也更契合珠三角地区产业发展需要的融资租赁领域。在金融租赁、融资租赁等新兴金融业态中，金融高新区依附其金融、科技与产业创新融合的发展战略，积极推进制造业金融的发展，抓住了制造业机械设备资金占用大、企业负担重、升级转型难的痛点，助力佛山打造国家制造业创新中心以及珠江西岸融资租赁业区域中心。

对于佛山企业来说，“融资租赁”还是新生事物。截至2016年6月末，国内融资租赁行业注册公司大概有6000家，其中金融租赁56家，国内融资租赁渗透率为8.92%～11.64%。而在发达国家，融资租赁已经成为仅次于银行信贷的第二融资方式，与发达国家融资租赁渗透率高达20%～50%相比，美国工程机械达到60%，我国融资租赁发展较快，但是市场渗透率还有待提高。

截至 2017 年 12 月底，南海区内注册的融资租赁及金融租赁机构达 43 家，包括粤科融资租赁、海晟金融租赁、纳新融资租赁、汇银融资租赁、骏辉融资租赁等，注册资本达到 44.68 亿元，全区融资租赁机构累计发放融资金额约 201 亿元，支持先进装备制造业发展的融资租赁资产余额 48.69 亿元。对比全国数据，佛山的融资租赁产业仍处于发展起步阶段。比起深圳前海 200 多家融资租赁企业的数量，这一数据根本满足不了佛山千亿元的制造业体量。换言之，佛山的融资租赁市场依然大有潜力可挖。

佛山海晟金融租赁股份有限公司（以下简称“海晟金租”）是佛山第一家本土融资租赁公司，于 2017 年 7 月正式在金融高新区开业。开业头 3 个月累计支持先进装备制造产业投放 17 亿元，占项目投放总金额的 63%。2017 年全年，海晟金租共接洽珠三角地区装备制造企业超 2000 家，并对 1140 家中小型企业发起授信，涵盖机械装备、医疗器械、新材料、家用电器、环保等本地主要产业，定点突破工业机器人产业，挑起了佛山融资租赁产业的大梁。

之所以重点提到海晟金租，主要是因为其“金融租赁”的稀缺牌照。金融租赁和融资租赁的牌照差别很大，前者由银监会特别审批，数量非常有限，因而获取难度极高。而后者则由商务部派发，门槛较低。目前我国金融租赁的牌照总共只有十几家，许多城市及地区都在争取持牌企业落户。而最新的一批金融租赁牌照，只发给了 6 家机构，金融高新区就争取到了海晟金租这一家持牌机构。对于金融高新区而言，海晟金租的入驻一方面使区内持牌机构数量提升，另一方面，作为产业金融中心，金融租赁机构的入驻也体现了金融产业内涵的进一步丰富。

对于本地产业而言，融资租赁和金融租赁的最大区别，一方面在于租赁业务的体量。金融租赁可以承接体量更为庞大的资金业务，包括大型的汽车船舶工业的租赁业务。另一方面，金融租赁的业务范围和产品的灵活度相较会大得多。带上“金融”两个字，意味着海晟金租业务范围比一般融资租赁公司更广，可以从事如吸收非银行同业拆借、进行境外借款等金融机构业务，多渠道的资金来源保证了海晟金租能快速融到钱，融到“便宜钱”，这也意味着，佛山企业的租赁成本能够降低。

从公司架构上看，注册资本达20亿元的海晟金租背靠多个资金实力雄厚的股东，最大股东南海农商银行出资8亿元，占比40%；资产总额超千亿元的大型国企广晟公司出资6亿元，占比30%。此外，海晟金租的股东还包括佛山上市企业伊之密、国资南海承业以及本地装备制造业龙头企业“中南机械”。“银行＋国企＋上市公司”的组合为海晟提供了一道资金保障，由于资金来源充实，杠杆率会更高，能给企业提供更低的融资成本。

在战略定位上，海晟主要有四类发展业务，装备制造业是其首要发展方向，设备的直接租赁和售后回租业务是其重点。其次，海晟希望依托优质厂商的上下游企业客户资源，与设备制造厂商开展战略合作，拓展厂商租赁业务。再次，是希望立足于水务、电力、燃气等公用事业及医疗、教育等民生事业，为城市基础设施建设、公用设施建设、能源水电行业等关系民生的行业提供优质的金融服务。最后，从内部管理上积极地挖掘、探索委托租赁、联合租赁、转租赁等其他融资租赁产品，为客户提供专业的综合融资租赁服务。

短期内，海晟金融租赁将立足本地，对接珠江西岸先进装备制造产业带，关注装备制造业园区建设，以设备租赁为中心，并依托股东在相关行业的优势，有侧重地支持中小微和涉农融资租赁业务，同时分散经营风险，有计划地拓展优质综合租赁业务。在长期战略发展规划中，海晟金融租赁将走专业化的发展路线，在机器人制造、智能制造、节能环保等高新科技领域打造核心竞争优势，不断创新业务模式，打造分成租赁、联合租赁等特色业务，推进融资租赁业务的多元化发展。

第 14 章　路漫漫其修远兮

本章着重介绍了金融高新区 2017 年度的发展关键词，从粤港澳大湾区，到佛山“华尔街”的创投小镇，再到区块链 + 金融科技产业扶持政策的出台，金融高新区金融产业发展的道路正在逐渐从追逐向赶超迈进。本书截稿的 2017 年，金融高新区正乘着粤港澳大湾区快速发展的浪潮，积极探索着金融产业发展的前沿领域。然而，诚如本章标题所言，路漫漫其修远兮，这既是对金融高新区下一阶段发展的祝愿，也是劝诫。走在产业改革与发展的前列，就意味着享受红利的同时也需要面对未曾经历过的风险。无论是双创还是区块链，都有可能面临发展速度过快，概念流行而导致的市场非理性过热的问题。这也对金融高新区在引导产业健康发展方面提出了更高的要求。

粤港澳大湾区 牵手三山新城

粤港澳大湾区无疑是 2017 年的重量级主题词。湾区经济作为重要的滨海经济形态，散发着国际城市群的魅力，已经成为主要经济体经济转型升级的重要载体。在粤港澳大湾区的概念还在萌芽阶段时，佛山市相关政府领导就提出“佛山要在开放链接全球资源，加快形成‘世界科技’+‘佛山制造’+‘全球市场’创新发展模式”，这其实与大湾区参与全球湾区俱乐部的思路十分契合。近年来，金融高新区开始将目光投放到国际，致力于引入和整合高端资源及平台，参与大湾区的建设。以广东、深圳、佛山、东莞、惠州、中山、珠海、江门、肇庆9市和香港、澳门形成的粤港澳大湾区，看齐著名的纽约大湾区和东京大湾区，怀揣着世界一流滨海城市群的梦想，努力打通国际双向跑道，通过香港、澳门作为国际资产配置，把国内的企业引上国际跑道，把好的国际企业引进来。粤港澳大湾区面积5.6万平方千米，覆盖6672万人口。2015年，粤港澳大湾区经济规模达到1.36万亿美元，港口集装箱超过6500万箱，机场旅客年吞吐量达到1.75人次，基本达到了国际一流湾区和世界城市群的条件。

随着粤港澳大湾区战略上升为国家战略，“香港+佛山”的城市合作新模式也横空出世，而早在诞生之时就与粤港澳金融机构紧密合作的金融高新区，可谓这一合作模式的先行区、试验田。如今已在粤港澳乃至亚太地区的金融版图中占据重要席位。2017年11月，高规格的湾区经济发展国际论坛在金融高新区举行，一众国内外顶尖学者围绕粤港澳大湾区经济探讨了湾区未来的发展，专家和学者们纷纷看好粤港澳大湾区的光明未来，并对如何实现区域联动、优势互补提出了各自的看法。这些以大湾区经济为主题的高规格、高档次论坛充分说明金融高新区加速融入粤港澳大湾区的决心和速度可见一斑。

11月9日，第三届中国并购高峰论坛在金融高新区举行，围绕“并购新时代·产融新动力”的主题，吸引了500多位国内产业界、金融界的大咖。

11月21日，“世界湾区全球对话”2017湾区经济发展国际论坛在金融高新区举行，吸引了包括诺贝尔经济学奖获得者Thomas J. Sargent教授在内的国内外顶尖学者、世界研究湾区经济的国内外学术专家共400多人参与，围绕“世界经济新格局下的湾区经济发展”大会主题，探寻湾区经济创新的新方向。

11月23日，金融高新区赴港召开推介会，粤港澳大湾区时代的企业发展新机遇研讨会在香港举行。包括大新人寿保险有限公司、国泰航空公司、友邦保险集团、香港中国商会、香港电讯有限公司、渣打银行（香港）有限公司、道衡美评、中国银行（香港）有限公司在内的 50 多家香港企业代表参加。

11 月 28 日，2017“粤港澳合作论坛”在金融高新区举行，论坛以“打造粤港澳大湾区创新集聚区”为主题，着力宣传推介南海重点建设项目，来自粤港澳三地的政府领导、企业家和学术界人士参会，并以此为粤港澳三地互联共通的平台，促成佛山、香港、澳门在金融、法律、会计、文化等专业服务领域达成更广泛的合作。

谈起佛山加入粤港澳大湾区的实力，这座城市虽然不是中国的投资中心，但其工业制造业在全国排名第 5 位，是中国最波澜壮阔的工业革命基地，这是佛山参与大湾区建设的第一大优势。俗话说“有家必有佛山家电，有建筑工地必有佛山建材”。佛山正在逐渐成为一个集科技创新、现代服务业、高端智能制造于一体的“制造工厂”。2017 年佛山第三季度生产总值 6870 多亿元，增长8.6%，拥有雄厚的经济实力。在粤港澳大湾区的竞争合作新平台中，佛山贡献的不只是 GDP，不单是制造业的发达，更是湾区平台中西部融合的加速器。长年以来佛山在产业和金融方面一直与香港有着密切联系。截至 2017 年 9 月，共有 81 家香港企业在佛山投资，目前佛山有 53 家上市企业，其中接近三成是在香港上市。第二大优势是广佛集聚的交通枢纽。综观世界级大湾区，如旧金山湾区、纽约湾区和东京湾区，基本都凭借航空线、航海线的集聚和枢纽将城市与世界连接起来，湾区城市间再以发达的交通网络使生产要素得以快速流通，从而降低产业集聚的成本，对内明确分工，对外统一整体，形成城市群巨大的规模效应。金融高新区地处广佛核心区域，是交通枢纽和资源交换的重要节点，与广州共享世界级港口和白云机场，距广州南站高铁站仅 45 分钟，佛山西站也已经开通投入使用，无缝对接广州南站；当时预计2018年九龙到广州南的高铁线路开通后，实现全程48分钟直达香港，这无疑将再一次为接轨国际资源添砖加瓦。无论是产业制造、金融氛围还是优越便捷的地理交通，金融高新区注定都要张开怀抱，聚集更多的国际资金、技术以及优秀人才。可以预见，在具备良好基础条件的情况下，佛山积极把握此次机遇，深度融入粤港澳大湾区，尤其是会统筹利用好境内境外资源，配合粤港澳大湾区建设。

站在粤港澳服务贸易自由化、广东自贸区建设、高铁互联互通、泛珠合作、广佛同城等“风口”上，作为南海打造粤港澳合作高端服务示范区之一的三山新城，牵手金融高新区的合作势在必行。金融高新区的双定位为“金融后台基地”与“产业金融中心”，而三山新城现在的定位是“依托华南地区新交通枢纽发展的产业新城”，二者错位发展，力图共同牵手快速融入粤港澳大湾区。早在2015年，以三山为核心载体的粤港澳合作高端服务示范区便获得首批广东省粤港澳服务贸易自由化示范基地之一的称号，启建的“香港城”“澳门城”，正在成为汇聚赶工创新资源的高地。随着广佛同城化的加速发展，佛山“一环创新圈”战略规划出炉，有人称三山新城是佛山对标深圳打造的“前海”，三山新城承载着建设创新资源密集、创新人才聚集、国内一流生态宜居创新发展区、粤港澳大湾区创新增长示范区等使命。

与金融高新区一样，三山新城也具有显著的地理优势，处于南海东部，辖区面积23.8平方千米，坐落在南海、顺德以及广州荔湾、番禺的交界处，形成了得天独厚的“金三角”区域。与广州南站一桥互联，40分钟可达全区科技产业创新中心深圳，48分钟抵达世界金融中心香港，45分钟直达珠海拱北口岸。三山新城在承接港澳资源、对接广深科技创新走廊溢出效应上具备地理中心的天然优势。广州南站为三山新城带来了大量的跨区域高端人流和需求，也带来了新的发展机遇。按规划，南海将充分发挥三山新城紧邻南站的区位优势，推动香港创新资源和佛山制造业实现优势互补。

从当时产业布局来看，三山新城的选址也并非偶然，其发展计划以高铁和魁奇路东沿线两条交通要道为界，分为“高新技术和创意文化产业区”“生态居住和商业休闲文化区”以及“商贸上午和现代金融服务区”三大版图，未来三山新城将让居住区和商业、文体、企业等融合，活跃社区居住氛围，也为居民提供工作机会。具体来说，三山新城将会建立三大社区。中部休闲社区：由于中部地区拥有优美的水景资源，计划将在河道两侧建设中心城区，打造滨河休闲景观，发展服务业和创意文化业，发展教育、医疗、生活、居住、娱乐、旅游等城市服务业。北部产业社区：以“科技”和“创意”为主题，通过引入绿色建筑、环保能源等相关项目，打造智能生态科技社区，使之成为珠三角科创企业生态总部基地。南部商务社区：南部地区接近广州南站，往来仅需几分钟车程，因此是三山新城承接广州新客站辐射效应的重点区域。未来广州南站计划会有更多的铁路线路汇集于此，预计到 2020 年会达到 8000 万的年客流量，因为南部区域将根据新客站的发展动向，打造国际商贸商务板块，高标准建设国际商业展贸批发中心，形成生态化的郊区商务办公区域，做好高端商务商贸及相关的咨询顾问、中介、金融物流等配套，以服务于广佛的中小型企业总部、博览中心以及跨国公司决策机构、科技研发机构等。

目前，三山新城已集聚了丰树国际创意园、三山科技创意中心、粤港科技中心、虹港—国际时尚文化产业创意港、丽普盾卫星综合应用基地、三山渡国际休闲文化村、CO－RO 食品中国有限公司果汁生产基地、星联总部基地、宝索机械高新科技研发中心和永强科技等一批创新项目，累计引进项目 40 多个，投资总额超 230 亿元，累计完成投资超 150 亿元。三山新城所在的桂城，已累计引进省、市、区创新创业团队 33 个，占南海的 46%；引进国家“千人计划”人才 15 名，海内外博士

260名；培育南海区高层次人才近百人，占南海的45%。所引入的企业、项目将与金融高新区无缝对接，实现金融、科技、产业的深度融合。

虽然三山新城整个片区还在建设之中，暂未形成具有一定规模的现代居住社区和生活配套，但三山科创中心相关负责人表示，一系列的配套在三到五年可以初具雏形。等逐渐成熟之后，期待三山新城做好企业成果转化搭建平台，与金融高新区打好“组合牌”。

发展了十年的金融高新区，依托地处粤港澳大湾区核心、广佛超级城市西大门的区位优势，金融带动力越发明显。金融高新区自成立伊始就积极引进并集聚亚太地区金融机构后台及服务外包机构，优化广东的金融产业结构。现在的佛山，手握庞大制造业和金融后台产业两大优势牌，已经可以同大湾区内的其他核心城市共同谋局，策划未来的联动发展。在共同发展的道路上，如何保持佛山的绝对优势、充分利用好比较优势，是佛山下一个十年需要思考的问题，也是下一阶段金融高新区需要密切关注的问题。

高规格会议——打造新品牌

佛山素有“制造业名城”之称，制造业基础扎实，产业特色和优势十分明显，但是金融产业占比较低。作为实体经济的大市，上市数量低于长三角地区（深圳除外），这与其生产体量十分不匹配。时任政府领导提出要通过资本市场的力量，不断提升产业链、创新链、资金链的融合发展，来活跃本地资本运作。金融高新区作为佛山发展资本市场的金融土壤，经过十年的发展，集聚了涵盖银行、证券、保险、私募创投、融资租赁、互联网金融等多样化的金融前台及服务外包等后台机构，形成了前后台呼应的金融服务产业链以及配套逐步完善的生态圈，并率先在金融与科技、产业融合创新上做出有益尝试，这些都为资本市场的发展奠定了雄厚的基础，拥有助力佛山转型升级腾飞的条件。为了加快实现这一目标，2017 年金融高新区争取到了两大高规格会议的举办权，一个是资本市场发展大会，另一个是并购高峰论坛。能够获得举办及参与这样高端会议的资格，一方面说明金融高新区过去的努力和现有资历得到了业界的肯定；另一方面，借助这样难得的机会和省级政府的大力支持，金融高新区也将继续升级，希望能够像“博鳌论坛”一样，打造自己的口碑和品牌。

资本市场发展大会

2017 年 3 月 29 日，资本市场发展大会在金融高新区举办。这次会议是金融高新区成立十年以来最高规格的会议之一，以“发挥金融集聚优势，加速资本市场发展”为主题，旨在落实广东从金融大省向金融强省转变的发展战略，进一步深化广东省多层次资本市场改革和发展，充分发挥金融高新区金融资本的集聚优势，利用资本市场服务于实体经济，促进金融、科技、产业深度融合发展。大会吸引了中国上市公司协会、上海证券交易所、深圳证券交易所、香港交易所、中国证监会广东监管局、广东省人民政府金融工作办公室、佛山市人民政府与金融高新区发展促进局到会。会上，三大证券交易所及全国中小企业股份转让系统与金融高新区签订了战略合作协议。此后，金融高新区借助上交所、深交所、港交所与全国股转系统的平台，加强企业上市前后备资源培育、支持和推动符合条件的企业在上交所、深交所上市、发行债券，在香港上市融资、在全国股转系统挂牌都将得到支持。

本次大会不仅是金融高新区服务实体经济的体现，更是金融高新区进一步加强金融、科技、产业深度融合发展、扩大对外合作的新开端。金融高新区计划搭建供给侧结构性改革、深化多层次资本市场发展的重要平台，成为全省金融创新更好的示范区。

并购高峰论坛

2017 年 11 月 9 日，第三届中国并购高峰论坛在金融高新区千灯湖创投小镇开幕，吸引了上市公司、实业集团、产业资本、金融机构等 500 余名业内人士出席，围绕“并购新时代—产融新动力”的大会主题，为中国并购行业谋未来，为金融如何服务实体经济献计献策。中国并购高峰论坛暨上市公司合作洽谈会是中国并购界、投资界的高规格专业论坛，以往每年 11 月在深圳举办，已经成功举办两届，这是该论坛首次离开深圳，移师佛山，从中也可以看出对金融高新区，对佛山在家具、家电、陶瓷、新材料、先进制造等产业领域形成的集聚效应和实力的认可。

党的十九大报告明确指出，未来一段时间金融业改革的发展方向就是要深化金融体制改革，增强金融服务实体经济的能力。佛山政府也表示，中国并购高峰论坛在此时举办，是佛山贯彻落实党的十九大精神的体现。此次论坛落地佛山也有因可循，一方面国家政策鼓励并购，每年并购呈现快速增长态势；另一方面，佛山的优秀制造业和实体企业正面临转型升级的需求，随着国家“一带一路”倡议的推动，这些企业也需要“走出去”，寻求与投资机构对接的机会。这次会议可以进一步驱动并购重组推动经济转型，促进并购重组的生态环境优化。

会上，南海区产业发展投资管理有限公司与授信银行代表以及一批本地上市企业进行南海区并购母基金的战略合作签约。南海区设立总规模 10 亿元的并购母基金，希望通过发挥政府资金引导，撬动更多的社会资金投入科技创新和产业并购。南海区金融办表示，南海区并购母基金将通过母子基金传导，发挥政府资金的杠杆效应，引导和整合社会资源，以产业并购为主题，提升南海龙头企业的竞争力，帮助南海产业转型升级和发展。此外，多个投资项目签约南海，如由广东南媒泛文娱产业创新投资有限公司联合佛山市金融投资控股有限公司成立的产业投资平台——蓝莓资本；广东南媒泛文娱产业创新投资有限公司（南媒资本）与全国名企 16 强之一的雪松控股签约发起总规模各 30 亿元的雪松南媒文旅产业基金与供应链及物流管理产业基金等。

两场重大会议的举办，加之会议精神契合金融高新区的发展，让更多的人认识到了金融高新区、认识了佛山，在金融高新区十年发展的基础上，推动多层次资本市场建设，不断聚集金融资本与资源，能够为各类金融机构与广大企业提供更广阔的融资渠道。未来，金融高新区还将陆续举办几场高规格论坛，目的是整合各方资源，加速资本与产业的对接，打造出一个更完善的金融服务生态圈，扩大金融高新区、千灯湖创投小镇的影响力，为全国多层次资本市场发展建设和广东金融强省建设贡献更多的力量。

创投小镇 佛山“华尔街”?

2017 年 7 月，万众瞩目的千灯湖创投小镇亮相金融高新区，它的诞生并不是偶然，也不是一时的火花，而是基于佛山强大的民营经济实力和金融高新区十年打下的坚实的金融生态基础，厚积薄发，应运而生。

佛山拥有雄厚的民营经济实力，有人说看佛山，就可以看出本土企业对中国的信心。有一句玩笑话叫“富可敌国”，并非空穴来风。2017 年前三季度的 GDP 数据显示，佛山第三季度 GDP 已达 6870. 74 亿元，同比增长了 8. 6%，几乎等同于 1. 3 个缅甸，1. 5 个白俄罗斯，2 个立陶宛，4 个尼泊尔的 GDP。佛山在全国主要城市中排名第 14，在全广东省排名中仅次于广州和深圳，位列第三。这个优秀的成绩是有因可循的，佛山市的产业结构以民营经济和中小企业经济为主，人们说佛山“藏富于民”，人民富庶。然而，佛山庞大的民间财富其实并不活跃，“谨慎保守”是大部分佛山企业家身上的标签。缺乏活力的民间资本和相对传统的金融模式对佛山的创新创业活动产生了一定的阻力。因此，在政府的倡导和支持下，千灯湖创投小镇从这个概念诞生开始，就背负着活跃民间资本，丰富“产业金融业态”，大力引入私募股权、创业投资、风险投资、并购投资等基金，通过引入资本运作促进经济实体转型升级的使命。

依傍环境优美的千灯湖畔，备受各界关注的“千灯湖创投小镇”在2017年7月5日推介会上揭开了神秘面纱。千灯湖创投小镇坐落于广东省金融高新区核心区，占地面积1.8万平方千米。作为金融前台的标志，创投小镇在中国很多城市都有部署，但是佛山的创投小镇承担着不一样的开疆拓土的责任，要实现佛山特色的创投，还需与当地的制造业和民营企业默契配合，打造更精准、更专业的创投小镇。从选址上来说，金融高新区已经发展十年，具有金融基础优势，是广东省第一个集金融、科技、产业综合于一体协同发展的金融试验区，是全国首屈一指的金融后台基地，这片区域能够为创投小镇的发展提供完善的基本支撑，因此金融高新区成为孕育佛山首个创投小镇的沃土。

千灯湖创投小镇首期计划依托金融高新区内现有的39度艺术创意园区，南海区力争通过三年打造具有佛山特色的创投小镇，重点引进孵化器、各类天使投资、创业投资、风险投资、股权众筹等创新金融机构，本地注册的创业投资、股权投资基金总规模达到500亿元，五年内达到700亿元。将千灯湖小镇打造成一个穿透产业聚集、创投氛围突出、创投业务活跃的特色基金小镇和宜居的家园，同时通过搭建更多的平台，加强与大湾区中广州、深圳、香港和澳门等合作。

根据推介会的介绍，千灯湖创投小镇总体规划包括“两心”（基金核心和孵化核心）。其中基金核心以各类大中型基金机构和关联服务为主。孵化核心以各类基金机构、创投金融衍生机构及关联服务机构为主。另外，位于 39 度空间的创投小镇启动区主要分为 5 个。“基金创投集聚区”，主要用于引进一批知名创投组织和机构。“创新金融及中介服务集聚区”，集聚融资担保机构、小额贷款公司等民间类金融机构，会计师事务所、律师事务所等第三方配套服务机构。“综合服务展示区”，为特色小镇内提供一站式企业工商、税务等政务服务。同时，深谙高级人才智库筹备的重要性，千灯湖创投小镇配备了宜居宜家的生活环境，希望可以吸引人才安心地安家扎营，生活在这片沃土上。从千灯湖小镇的规划图纸上也能看到美好生活的蓝图，其中包括“人才公寓”和“运动生活休闲配套区”的建设，后期还规划建设丰富生活的时尚运动场所，包括停车场、特色餐饮、健身房、攀岩、射击、室内滑雪、潜水等生活功能区。“孵化器、加速器集聚区”，计划引入知名孵化器、加速器以及一批创业团队，构建孵化、加速、培育、辅导、资源整合、融资等创新创业体系。由此 5 个区域构建的“千灯湖创投小镇”跃然纸上。

南海区政府为推动支持千灯湖创投小镇项目的建设，初步研究制定了《促进千灯湖创投小镇产业集聚扶持措施》，包括进驻奖励、物业补贴、工商登记、经营扶持、人才引进、本地投资、投资挂牌等多个领域给予奖励，重点吸引私募股权投资基金、私募证券投资基金、基金管理机构落户。这样不仅有利于集聚区域内外的专业人士，加速产业和资本融合，而且有助于南海中小企业持续发展，推动金融业态集聚。对于创投机构来说，既可以获得更多的投资机会，也能通过政府的政策扶持同步发展，实现多方共赢。创投作为资本圈的其中一个链接，除了提到的引入更多的私募基金服务机构和专业人才，还要搭建创投机构和券商、私人银行的交流互动平台，提升创投机构和资金对接的效率，开展更多的本地融资企业与上市公司、创投机构、银行等项目与资本对接。目前，本地注册成立的各类基金与基金管理机构累计达到 209 个，募集资金超345亿元，稳步实现既定的产业聚集目标。

推介会上，为了加大与各大创投机构的合作，中国风险投资研究院、广东省创业投资协会与南海政府签订合作框架协议。在推介会当日，粤科金融、深创投、英诺、美国瑟拉夫等项目正式签约入驻。

政府领导也表示，利用粤桂黔高铁沿线的交通便利和各省资源，希望未来创投小镇的功能能辐射到粤、桂、黔三省乃至整个南方区域。2015年起，延续了三年的推动双创工作，在千灯湖创投小镇这里留下了一个重要节点。承载各方的期望，创投小镇仿佛一颗极具潜力的种子，在金融高新区的沃土中孕育发芽。

区块链+金融科技产业

2017年，区块链技术成为全球的热点话题，颠覆了人们对信息、网络、技术乃至生活方式的理解，它不仅是全新的技术方案、交易模式和商业逻辑，也是一种全新的制度机制。区块链是一个分布在全球各地、能够协同运转的数据库存储系统，区别于传统数据库运作——读写权限掌握在一个公司或者一个集权手上（中心化的特征），在区块链技术下任何有能力架设服务器的人都可以参与其中。来自全球各地的掘金者在当地部署了自己的服务器，并连接到区块链网络中，成为这个分布式数据库存储系统中的一个节点；一旦加入，该节点即享有同其他所有节点完全一样的权利与义务（去中心化、分布式的特征）。与此同时，对于在区块链上开展服务的人，可以往这个系统中的任意节点进行读写操作，最后全世界所有节点都会根据某种机制的完成一次又一次地同步，从而实现在区块链网络中所有节点的数据完全一致。去中心化、共识机制、激励机制成为区块链技术最大的亮点。

“点”与“点”的直接连接，打破了“中心枢纽”与“中心统筹”存在的必要性。在我们如今生活的时代，社会制度的核心机制即“中心化”，这些中心存在于国家、政府、各类首脑机关、银行、交易所、公司等多种组织形态，对权力、军事、交通、信息、货币、商业交易等社会运行中涉及的一切资源进行集中、梳理和分散，社会各成员亦通过与各类中心的连接与互动获取资源、交换资源、履行职责。“中心化”的制度无疑可以提高效率、整合资源、迅速建立起秩序，但其对个体权利和选择机会进行了限制，也会对资源财富、社会成员的活动等形成控制，造成不平等、不公平、不透明的现象。而去除“中心化”，则可以实现成员之间的直接互联，从而使得制度机制发生根本性变化，使透明、公开、平等成为可能。

区块链的共识机制大大增强了成员间的信任程度。区块链要求每个联结点在共同账本上对每一笔交易进行分布式记账，每当交易发生之后，信息会通知到所有的“点”，各个“点”（即人）按照预设的规则独立地对交易进行确认，在整个过程中，信息透明统一，参与者资格权限完全对等。多数“点”确认的结果就是最终的结论，系统会自动将个人的数据修正为大家认可的结果。若想作弊或者坚持不同的观点，除非能让超过51%的“点”都同时认可这个结论，但当参与的“点”多到一定程度时，这事实上是不可能实现的。一次交易得到确认之后，交易的记录和各种数据打包成块，加上时间戳，编入链中，然后启动下一轮交易（块），新旧区块前后为继形成“链”。各个区块所存储的交易记录可以无限追溯，随时备查且无法更改，想要作假、撒谎或隐瞒真相，根本无机可乘，人与人之间的信任由此得以确立。这种信任不依赖于某个权威，而是建立在“共识”之上，一种由所有参与者在完全平等和信息充分透明的基础之上达成的“共识”，并且由所有人共同维护和传承已经形成的“共识”。第二代区块链还引入了“智能合约”机制，在程序中加入了能够自动履行的合约，一旦约定的条件得到满足，系统将自动实施强制交付，所有的联结点也都会见证和确认这一过程，不容背信弃义行为的发生。这一共识机制解决了在“中心化”制度下成员之间缺乏互信的现象，因而也可以取代司法、货币、银行、公证、征信等机构与制度维护和实现社会成员间互相与守信的功能。

区块链的设计本身就具有激励功能，比特币、以太币以及其他各种虚拟代币（Token），正是区块链具备激励功能的体现。区块链本身并无商业价值，为了引起关注、发展联结点，同时激励参与者不断通过“挖矿”式计算来创建新的区块，共同维护链条的延展存续，必须要给予为此而做出努力的人以“报酬”。所以，在每一次“挖矿”成功并得到确认之后，新的区块形成，而公认胜出的“挖矿”者则获得 Token，并被记入公共账本。这种本质上属于一段计算机程序的奖励则被命名为“比特币（Bitcoin）”。

区块链不依赖第三方、公开透明、共识机制、不可篡改等特点，因其能够通过自身分布式节点进行网络数据的存储、验证、传递和交流，即可以通过一种全民参与记账的方式以极低的成本达成“守信”，被视作一项颠覆性技术，并应用于多个不同的场景中。在国内，已有民生银行、招商银行、京东金融等传统金融机构和金融科技企业对区块链的场景应用进行了探索，在跨境支付、供应链金融、票据等领域均有应用。

区块链技术早在 2016 年就引起了国家和多个地区的高度重视。2016 年 10 月，工信部就发布《中国区块链技术和应用发展白皮书（2016）》，同年，区块链被作为战略性前沿技术写进《国务院关于印发“十三五”国家信息化规划的通知》。据国内最早的区块链咨询社区门户网站“巴比特”统计，截至 2017 年 11 月，国内共有浙江、江苏、贵州、广东等 9 个省级行政区就区块链发布指导意见，其中贵阳、杭州、青岛、深圳、重庆 5 个城市也已出台专门政策扶持文件。

而在佛山，禅城首先拥抱区块链技术，2017 年就发布了全国首个区块链政务应用创新平台。其创新成果包括基于区块链技术的“IMI 身份认证平台”（Intelligent Multifunctional Identity，智慧多功能身份认证平台），可以有效解决虚拟世界证明“我是我”的问题。而禅城的“智信城市”计划，将通过形成跨平台、跨部门、跨地区，开放共享、真实可信的“城市块”数据，引领新型社会信用体系建设。南海则将大力支持广东金融高新区以“区块链”技术为切入点发展金融科技产业，加强“区块链”理论研究和底层技术的突破创新，围绕金融和实体产业的重大需求和主要痛点，鼓励区块链等技术在金融、制造业、贸易、民生项目等行业开展先试先行，推动区块链等技术与应用场景的有效结合，大力推动“区块链 +”政府数据管理、地方金融管理、供应链管理、供应链金融、跨境贸易、知识产权保护产业化、智能城市、物联网、工业环保监测存证等应用场景，实现传统管理方式的变革创新，大力推动产业转型升级，形成一批可复制推广的应用模板，引进和培育一批区块链创新企业，努力建设立足佛山、面向粤港澳大湾区的“区块链 +”金融科技创新与应用高地。

2016 年 11 月举行的金融高新区金融创新发展大会主题为“信用为本·跨界共享”，会上便提出，要探索一条从“抵押为主”升级为“信用为本”的新路子，着力解决中小企业“融资难”问题，促进金融更好地服务于实体经济。数月后，南海区获批创建广东省社会信用体系建设示范点，并成立广东省首个县区级信用工作局。在互联网时代，轻资产、重创意、重服务的新业态不断涌出，以往以资产抵押获取资金的方式不再适用于创新型企业，从“抵押为主”升级为“信用为本”，实际上打造了一套体系，培育能让“创新种子”发芽的土壤。金融高新区以金融应用场景切入来发展“区块链 +”产业，并计划将“区块链 +”金融科技产业培育成为金融高新区着力培育的新增长点。“征信难”和“信用危机”一直以来都是金融产业的痛点与难点，如何破解这一难题也是金融高新区努力建设信用体系的关键之处。而“区块链 +”金融科技产业恰好符合了高新区从“抵押为主”升级为“信用为本”的发展思路，是其探索以金融创新破解征信难的又一次新的尝试，以金融应用场景为主的信用体系建设首先解决迫切的中小企业“融资难”问题，进一步发挥金融创新对实体经济的服务支撑作用，更好地促进金融、科技、产业融合创新发展，今后还将对社会治理产生深远影响。

南海出台了《关于推进“区块链+”金融科技产业发展的实施意见》，产业扶持政策正在征求公众意见中，接下来还将谋划产业应用研究院、产业集聚基地、产业投资基金、孵化中心等。《关于支持“区块链+”金融科技产业集聚发展的扶持措施（征求意见稿）》（以下简称《征求意见稿》）明确了五大举措规划“区块链+”金融科技产业布局，包括：出台1份产业扶持政策、搭建N个产业服务平台、打造1个产业集聚地、引导设立N个产业发展基金，以及推动N项技术成果转化和应用。其中包括出台推进“区块链+”金融科技产业发展的扶持政策，从进驻奖励、物业、平台、培育、应用、技术、融资、人才等方面大力支持吸引一批“区块链+”金融科技企业入驻发展；成立广东金融高新区金融科技研究院等服务平台，承担“区块链+”金融科技共性底层技术研究、测试和应用场景的挖掘，孵化和入驻项目与企业的筛选和认定，推广和培育“区块链+”金融科技的技术和应用；建设“区块链+”金融科技产业孵化中心，为区块链企业和创业团队提供孵化办公空间提供政策指引、项目资源对接、项目投融资等综合服务；打造“区块链+”金融科技产业集聚基地，推进区块链应用项目落地，引进和培育专、精、特、新的“区块链+”金融科技企业，逐步构建核心业态、关联业态和衍生业态协同发展的产业体系；利用南海区双创引导基金，参与设立投向于“区块链+”金融科技产业的天使投资基金或创业投资基金，共同投资和培育一批“区块链+”金融科技企业进驻；利用区块链重构社会在线上和线下的价值信用体系，以不可篡改、互认、便捷、流动为特征和标尺的本质，加强对区块链等技术进行转化和应用，大力推动“区块链＋”政府数据管理、地方金融管理、供应链管理、供应链金融、跨境贸易、知识产权保护产业化、智能城市、物联网、工业环保监测存证等应用场景，实现传统管理方式的变革创新，大力推动产业转型升级。

《征求意见稿》也提出了具体扶持措施：对经认定的新设立或新迁入的“区块链＋”金融科技企业或相关机构一次性给予 30 万元落户奖励。此外，对实缴注册资本 200 万元以上的，按实缴注册资本的 10% 自注册之日起三年内给予注资奖励，每家企业或机构累计最高注资奖励 100 万元；成立广东金融高新区金融科技研究院（暂定名），每年安排不少于 500 万元的专项资金支持研究院进行底层技术的研究、共性技术的测试、应用场景的发掘宣传及推广等工作，协助做好引进企业或机构的评定和培育；鼓励以金融应用需求为导向，每年重点支持不超过 10 个以区块链为技术支撑的金融科技应用场景建设，每个应用示范项目最高支持 300 万元；对参与主导编制国际、国家、行业区块链技术及应用标准（规范）列入前 3 名的企业或机构，给予每年每家企业或机构最高奖励 100 万元，对获得国家、省、市立项资助的“区块链＋”金融科技项目及奖励予以配套，分别按照资助或奖励金额的 100%、70%、50% 给予资金配套支持，最高分别不超过 500 万元、300 万元、100 万元。

2017 年，广东金融高新区打造“互联网＋”众创金融示范区，并已先后引进易联支付、软通动力、沃银、旅联等互联网金融相关项目。由广东股权交易中心（以下简称“粤股交”）与京东金融、中合担保、粤财共建的全国性“互联网＋应收账款抵押和转让平台”已完成工商注册，由粤股交与广东省农村信用联社共建的农合机构众创金融平台已有南海、顺德、中山等 3 家农合机构完成托管，托管股本 110.6 亿股。

南海区“政银企”征信云数据也已逐步完善，南海区信用与金融创新应用平台也于2016年12月正式发布，当时进驻金融机构25家，发布金融机构适用的信用服务产品。同时，南海还在广东金融高新区内成立了金融审判庭和金融仲裁庭，构建起南海区联合执法机制及信用全链条约束机制，并建立了首批诚信典型名单和严重失信记录名单。

Part V

回顾与展望

第 15 章　十年铸剑：远观剑气 近赏剑纹

本章的主体内容是对金融高新区 2007—2017 年十年发展成果的评价和展现。首先，我们介绍了当前区域发展评价的研究情况，分析了现有的评价体系，为设计金融高新区的评价系统提供了思路和建议。其次，从宏观层面对金融高新区十年来发展建设的主要成果进行了梳理。再次，从解构主义的角度，展示了微观层面下在本区域工作生活的人们眼中的金融高新区。最后，总结了来自各权益人的对金融高新区下一阶段发展的意见和建议。

区域发展评价：这是一个大课题

从最初提出建设金融高新区的概念到 2017 年，十年转眼间。概念初提时很多人都认为是天方夜谭，认为佛山是工业城市，没有金融基础，没有人才，而且离广州、深圳很近，好的金融资源都被吸引到广、深两地，许多人对于金融高新区建设的思路是半信半疑的。还有一些观点，认为区政府只是为了打着金融高新区的旗号搞房地产，最后依然通过卖地卖楼来获取财政收入。十年之后的 2017 年，快速发展的金融高新区用事实消除了大家的种种疑虑，在重围中探索出了独具特色的区域发展之路。

2017 年 7 月 31 日是金融高新区的十周岁生日，十年茁壮生长，这里高楼林立，拥有世界级一流的硬件设备，来自全国各地的白领金领在一幢幢甲级写字楼里进出。这光鲜的背后是十年来佛山迎难而上，克服了许多挑战，才成就的从无到有的奇迹。通过十年的努力，金融高新区在开展招商引资，加速拓宽直接融资渠道，建设千灯湖创投小镇，推动信用与金融创新应用平台建设，融合城市产业人文等方面都取得了傲人的成绩，赢得了政府、入驻企业和园区工作人员等多方的肯定。

十年间，“金融后台”打下了坚实的基础，现在的金融高新区正从舞台的幕后走向台前，大力发展“金融前台”，推动佛山实体经济发展壮大，努力接洽广佛超级大城市，积极响应大湾区建设。“金融后台基地”和“产业金融中心”两大定位在金融高新区的决心和努力下继续并肩前行。

金融高新区十年来的工作成果是有目共睹的，但是要想做到客观评价与比较，其实并不是一个简单的课题。首先要面对的即是比较对象的问题。横向来看，广东、全国甚至世界范围内的类似区域有很多，似乎有许多可以进行比较的对象。但是，区域的发展情况离不开宏观环境与时代因素的影响，也难以忽略诸多的内部因素，如产业结构、人口素质、资源丰富程度以及人文社会环境等。忽略了这些因素，就会使得被评价对象既不站在同一起跑线上，也不以统一的终点线为标准，评价的结果很难说是公平公正的。纵向来看，金融高新区可以同过去十年间的自己进行比较，但是这样的比较结果多是具备参考价值而非评价价值，很难说明什么问题。例如，在基数较小的情况下获得了较快的增长速度，同在基数较大的情况下获得较慢的增长速度，其增量的绝对值可以是相同的。数据漂亮的评价结果可能更具轰动性，但是也往往更具误导性，其是以严谨性和科学性为代价的。除了比较评价对象的问题，另一个难题是评价指标的选择。简单、单一的评价指标可操作性更强，评价结果也更为直观，但是局限性也更为明显。例如经济发展领域最常用的

GDP 增量或增速，税收规模及增速等。在人口层次、结构方面，常用的指标包括人均年收入、储蓄、受教育程度等。随着近年来劳动力流动速度的加快，涉及区域人才吸引力的指标正越来越受到重视，如人口净流入等。这些指标经过合理配权和综合平衡，都可以在一定程度上测量区域发展的某些方面。至于综合性的评价指标与评价体系，最为知名的当属我国的中关村指数和美国的硅谷指数。中关村指数是北京市统计局编制的用于综合描述北京市高新技术产业发展情况的一套指标体系，从 2004 年初开始试算，并在 2005 年 1 月进行了第一次公布。最初的中关村指数由 5 个分类指数构成，即经济增长指数、经济效益指数、技术创新指数、人力资本指数和企业发展指数。各分类指数均由 3 个指标构成，共计 15 个指标。初期的中关村指数存在两个主要问题：首先是指数设计比较简单，没有突出中关村区域的战略定位和主要发展目标，从最顶端的分类指数可以看出，它还是一个比较宽泛的经济发展指标，涵盖了部分技术发展方面的内容；其次是评价体系过多关注于对结果的评价，对于未来发展趋势的关注较少。一般而言，结果评价固然重要，但其反映的毕竟是上一阶段的工作绩效水平，是历史的既成事实，不可更改。而评价工作的重要意义，除了了解过去的真实情况，更需要有利于对未来发展趋势的预判与把控。为此，中关村指数先后在 2012 年、2013 年进行了两次改版。其中头一次着重体现中关村“具有全球影响力的科技创新中心”的内涵和特征，着重选取了最能突出企业主体地位的核心指标，构建了较为全面反映和深入刻画中关村创新、创业和高新技术产业发展的框架体系，包括创新创业企业、产业发展、创新能力、创新创业环境、国际化、中关村 300 强和上市公司 100 强等 6 个一级指标，涵盖 20 个二级指标以及 122 个三级指标。而第二次改版，则是借鉴硅谷指数编制的经验，进行了一些指数合成，并纳入了相关“即时性指标”及时反映中关村发展的新情况、新变化。“中关村指数2013”的指标体系在2012年的基础上变更为创新环境、创新能力、产业发展、企业成长、辐射带动、国际化6个一级指标、14个二级指标以及38个三级指标。可以看到，中关村指数从重点考察经济发展成果，转向关注经济发展的动能与环境，突出了区域发展的“创新”属性与经济带动作用，形成了一套能够反映区域特征、具有前瞻指导性的指标体系。

另一个在国际上更具广泛影响力的区域发展评价指标体系是硅谷指数，如上文提到的，中关村指数的改版就参考了硅谷指数的一些设计理念。硅谷指数由非营利组织硅谷网络联合投资编制与发行，主要描述硅谷地区的发展状况，反映硅谷地区的经济实力和社区发展情况，突出地区所面临的挑战，从而为领导层和决策者提供分析基础。1995年第一版问世以来，已经在全美乃至世界上产生了影响力，成为硅谷风投走向、瞪羚企业成长与新兴产业培育的重要风向标。硅谷指数包括人力资源、创新经济、多样化社区、生活场所以及地区治理5个方面的一级指标，16个二级指标以及82个三级指标，可以说是一个涵盖非常全面，也非常贴合硅谷地区发展特点的指标体系。详细的指标内容见表15－1。

表15－1　硅谷指数

一级指标	二级指标	三级指标
人力资源	人才流动及多样性	人口变化
		国内外净移民数
		非英语母语人口比例
		非英语母语人口语种分布
		授予理工科学位数
		授予临时非永久居民理工科学位数比例

续表

一级指标	二级指标	三级指标
创新经济	就业	居民就业变化
		就业人口总数
		季度就业增长率
		失业率
		就业服务
		非雇主公司
		就业人员行业分布
		绿色经济机构数及其从业人员数
		绿色经济领域从业人员部门分布
	收入	人均实际收入
		中等家庭收入
		收入分配
		千人非商业性破产率
	创新	接受粮票救济人口比例
		就业人口人均增加值
		专利注册占有率
		专利注册技术领域分布
		绿色技术注册专利占有率
		风险资本投资额
		风险资本投资行业分布
		清洁技术领域风险投资额
		清洁技术领域风险投资产业分布
		首次公开募股
		企业并购
		商业机构流动

续表

一级指标	二级指标	三级指标
多样化社区	经济繁荣准备	高中生毕业率、符合加州大学/加州州立大学入学要求毕业生比例、高中生辍学率
		高中生毕业率（按种族）
		符合加州大学/加州州立大学入学要求的毕业生比例（按种族）
		高中生辍学率（按种族）
		2 级代数成绩
		加州大学、加州州立大学入学总数
	早期教育	幼儿保育安置情况
		儿童入园率
		幼儿教育准备/教师期望
		三年级学生英语技能熟练程度（按种族）
	艺术与文化	艺术与文化预算
		艺术文化机构的基金资助
		基金捐赠
		艺术文化机构的资金来源
	健康质量	儿童免疫力
		当前居民健康保险类型
		婴儿死亡率
		拥有健康保险人口比例
		预防性治疗住院人数
	安全状况	千人儿童虐待率
		每十万人重大犯罪数（成人和青少年）
		成年人毒品犯罪和戒毒服务
		青少年毒品犯罪和戒毒服务
		公立学校学生因暴力/毒品被开出学籍数

续表

一级指标	二级指标	三级指标
生活场所	环境	人均耗水量以及循环水消费比例
		人均电力生产量和电力消耗量
		太阳能装置容量
		太阳能装置容量（按部门）
		永久保护的开放空间面积
	交通	人均机动车行驶里程和汽油价格
		人均燃料消费
		通勤方式
		人均乘坐地区公交系统次数
		替代燃料汽车
	土地使用	住宅密度
		靠近公交的住房供给
		靠近公交的非居民区开发面积
	住房	新建可负担住房数
		房租可支付性
		住房可支付性
		止赎销售住房数
		止赎房产销售额占比
	商业空间	商业空间供给变化
		商业空间空置率
		商业用房租金
		新增商业空间面积
地区治理	公民参与	选民参选率与缺席率
	财政收入	城市税收
		城市税收变化趋势
		市政债务
		对加州的税收贡献

值得注意的是，硅谷指数中经济发展类的结果指标数量很少，其主要关注点在于长期可持续发展与人本发展，凸显“人”的生存质量对于硅谷健康发展的根本意义。从细化指标中可以看出，硅谷指数基本涵

盖了“人”生命的各个阶段及各个方面，还关注生活在硅谷地区的不同社会群体：高收入者、中等收入家庭、接受救济者等。它映射出的是一个以创新经济为灵魂的综合性社区或创新型社区。

在我国，随着20世纪90年代初金融高新区的兴起，区域发展评价问题逐渐引起人们的重视。诸多学者也开展了相关研究。总的来看，大多研究是以科技部颁布的指标体系为基础，鲜有能与国际评价接轨的体系和方法。我国科技部火炬中心先后于1993年、1999年、2003年和2008年4次制定和修改国家高新区评价指标体系，最终形成了一套包含4个一级指标、44个二级指标的评价系统。其中一级指标包括知识创造和孕育创新能力、产业化和规模经济能力、国际化和参与全球竞争能力、可持续发展能力。这些一级指标下共设定量指标39个、定性指标5个。值得注意的是，在最后一次改版中，单独设立了“区域环境测度指标”，该指标由经济支撑、知识支撑、环境支撑3个一级指标构成，下设13个二级指标。该版指标体系没有给各个指标分配权重，不用“总量”等规模型指标，而大量采用“均值”指标和“占比”指标是其一大特色，“均值”指标占总数的一半以上，两者合计占指标总数的3/4。从我国高新区评价指标体系的发展过程中可以看到，我国的区域发展评价系统正在不断细化，国家对金融高新区发展的指导理念也在经历从最初的经济绝对优势到凸显技术创新能力、从注重经济增长总量到强调经济增长质量、从粗放式发展到集约式发展、从只注重区内成长到关注区外环境配套的不断转变。

通过对比总结现存的各类区域发展评价指标体系，可以对金融高新区十年来的区域发展评价有所启示。第一，从评价方法和理论的发展趋势来看，评价框架体系注重灵活性和适应性的趋势越来越明显。统一的评价体系难以适应区域的发展特色和个性化的要求，评出的结果恐怕不仅难以对过去的成果进行有效测量，而且对区域的未来发展作用有限。

简单地说，金融高新区的区域发展评价，不妨在广泛参考各类评价体系的基础上，量身设计一套符合自身发展需要的评价系统，使领导层的战略与各权益人的利益充分融合，凸显金融高新区的发展战略和长期目标。第二，区域发展评价的内容正越来越从单一的经济指标向多元、广泛的综合性指标体系转变。尤其是体现“人本”的相关指标。作为区域发展的根本动力和核心内容，“人”的作用和重要意义应当体现在区域发展评价指标体系中。随着政策红利的结束，通过优惠政策摄取发展优势的时代即将终结。要构筑起相对于其他区域的发展势差，始终保持区域的吸引力，那么整片区域是否宜居宜业，将从根本上决定地区的活力与潜能。考虑到这一点，金融高新区可以从宜居环境评价入手，设计出相关指标，紧紧围绕园区内工作生活人员的生存、住行、健康、安全与文化教育等方面，设计相关的指标评价体系。例如，生态环境方面的空气质量、饮用水质量、绿化、工业排污等；交通住房方面的房价、房租、通勤时间等；教育医疗方面的经费投入、场馆数量等。第三，区域发展前期多靠政府行政力量推动，在发展走上轨道之后，更多的则需要社区、社会的力量来提供源源不断的动力。因此，评价指标中应酌情减少“政府做了什么”的指标内容，而更多地关注于整个社区及社会机构的动向，突出政府行政力量的杠杆作用，使区域的长期发展形成可持续发展的良性循环，形成永不枯竭的内生原动力。

亚当·斯密在其影响深远的巨著《国富论》中提到：“（要使一国经济增长）除了和平，适当的执法和轻税，政府什么也不必提供，其他的东西自然而然就会有了。”虽然其描述的是自由市场经济理念下的社会，但对于当下的情形仍然有良好的参考意义。作为改革开放的先驱，广东省一直以来都对自由市场的理念认可度较高，在经济发展方面多秉承着较为宽松的治理原则。这一原则应用在区域发展评价上也是合适的，区域的活跃程度与生命力无疑是最重要的，也是最难以评价的，宏观政策的作用与效果往往要经历一个复杂、漫长的过程才能在经济社会成果上发酵显现出来。这就要求在设计评价指标的过程中留足松弛量，要意识到区域评价指标并非“仪表盘”或“刻度计”，并在判定“好”与“坏”的过程中采取更为长远的视角与宏观审慎的态度。

正如本章开题所言，区域发展评价是一个复杂的、细致而庞大的课题，从评价的实践角度来看，现存的方法与指标体系均有一定的参考价值与借鉴意义。从科学研究的角度来看，还可以从实证分析与规范分析两个范式入手，前者着重记录事件而不进行价值判断，后者关注微观的意义构建以及价值评判。因此，在下一部分，我们将分别从这两方面对金融高新区的十年工作成就进行总结与评价。

宏观鸟瞰：各方工作的成果总览

“产城人融合发展”成果

产业、城市与人才是现代城市发展的三大基本元素，三者相辅相成，相互交织、相互促进，并通过产业生态链、事业生态链和人才集聚链联系在一起。“产城人融合发展”是现代城市发展的新势态与新格局，在这种新的发展模式中通过城市与产业、产业与人才、城市与人才的协调共融，实现产业升级、城市转型与人才聚集。

人才是产城人融合发展体系的核心，人才质量与数量决定了城市与产业发展的质量与规模。作为特殊的经济要素，人才是构成社会财富创造能力的主要成分，人才竞争力是城市竞争力的主要体现。人才聚集与产业聚集互动发展、互促互进，产业集聚所产生的集聚效应能够吸引大量人才，从而产生人才聚集，而人才的聚集能够给产业集聚带来规模与效益的增长，提升产业创新能力。通过人才集聚所产生的信息共享效应、知识溢出效应、创新效应、集体学习效应等能够进一步完善人才集聚链，让各类人才交流信息，相互学习，实现创新。

产业是产城人融合发展体系的基础，是联系人才与城市的纽带，产业的发展必然能带动人才的聚集，人才的聚集便会促进城市的繁荣与发展。产业是城市发展的支撑，产业升级能够支撑城市转型，城市转型又推动产业升级，产业与城市的融合发展既需要市容市貌与城市经济实力相匹配，也需要城市的服务功能与产业发展相协调，这也意味着城市功能区的建设要与产业发展相结合。

一方面，城市是人才聚集与产业发展的承载空间，为产业发展和人才成长提供优良的外部环境，因此也是产业兴衰、人才聚散的前提条件。城市环境包括了人口环境、经济环境、自然地理环境、生活环境、制度环境、教育环境等，是人才集聚最初形成的基础，良好的城市环境有助于聚集更多的人才，而持续、长久、稳定的人才聚集也依赖于城市环境的进一步发展和优化。另一方面，城市的升级与现代化发展也离不开人才的汇集，否则城市也无法保持长久的竞争力。城市为不同层次、不同文化背景、不同专业领域的人才创造施展才华的广阔空间，使他们的交流与融合拥有多样性和进步性，随着人才总量的不断提升和积累，人才聚集会放大所在城市和区域的经济增长作用，进一步增强城市对于人才的吸引力，并形成辐射效应，带动人才从高地向人才洼地转移。

佛山市与南海区深谙“城产人”融合发展的重要性，将“城”摆在首位，更体现出佛山立志建设高品质现代化国际化大城市的雄心壮志，以及金融高新区勇于承担新一轮“探路者”的勇气和决心。因此，从“产城人”融合向“城产人”融合转变，除了环境提升，实质就是要让城市功能升级，提高城市综合承载能力，集聚高端产业，吸引高端人才，使城市成为更具推动力的经济发展引擎。在实践具体规划与建设工作之中，从招商、引智、配套设施/服务城市建设三方面进行三位一体的全方位工作，三条线同时进行。这三方面工作缺一不可，相辅相成。招商是建设服务区的重头戏与核心任务，进驻的机构需要有优秀人才的支撑，而吸引人才需要园区能够提供优质的生活环境和配套设施，进而对机构产生更大的吸引力，当越来越多的机构进驻园区时，所产生的聚集效应亦会吸引更多的人才来到园区和城市工作，从而带动更多的业务发展，使得园区运作走向正循环。招商工作着重策略，既“引进来”也“走出去”。最初引入的机构如友邦保险、中国人保、香港新鸿基、新加坡亿能集团、广东三泰、招商银行、光大银行、广州凯基，涵盖了国内、美国、法国、日本、新加坡、中国香港等国家和地区，覆盖了保险、数据、银行、BPO、投资等领域，通过这些机构能够更大范围地吸引其他不同地区和各类金融领域的入驻，起到了很好的引领和宣传作用，为其他金融机构入驻园区提供了信心。不仅如此，金融高新区也主动出击，分别在内地与特区金融业最发达的地方北京和香港举办推介会，扩大自身影响力。此外，金融高新区也以开放的心态欢迎各方考察团、调研团、专家代表等考察访问，汲取建议。在招才引智方面出台一系列人才政策，一方面与高校联手联合培养，另一方面与人才培训机构合作，还建设人才公寓、生活配套设施等。园区的建设并不是孤立的，它同整个城市的改造升级紧密联系在一起，融入城市规划的大框架中，与城市的轨道交通、商贸中心、自然环境、生活配套贯穿在一起，形成“园区即城市，城市即园区”的格局，解决了生活与工作相互孤立、相互分离的“不和谐”局面。由此，金融产业催生出整洁、现代、高端的园区，园区的存在又带动所在城区进行整体升级改造，以时尚、现代化、便捷、高档的面貌配合金融园区，形成一个宜居的新型社区。城市的吸引力也就因此得到了提升，在金融产业吸引高级人才的同时，城市面貌和优质生活环境也对人才的稳定起到重要作用，使得更多人才愿意留在这座城市工作和生活，实现自己在金融领域的追求与理想，从而进一步提升金融业未来的发展，形成一个良性循环。若用一个词来概括金融高新区的建设，必定是“高效”。从发展了近十年后的工作成果来看，进驻的机构均是从这三方面对服务区进行评价与考量，这三方面的工作可以说决定了服务区建设的好坏与成败（见图 15 -1）。

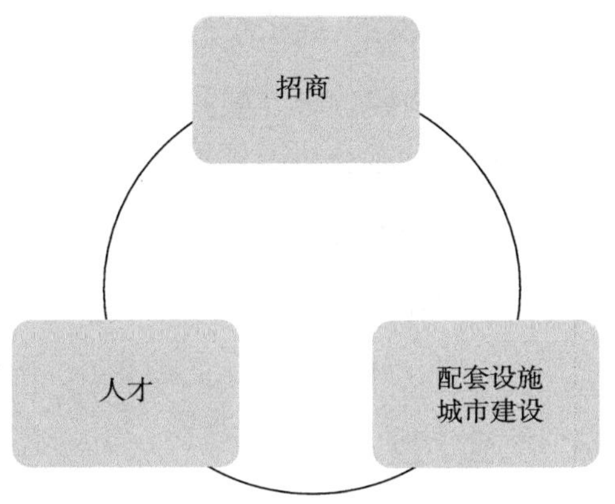

图 15 -1 金融高新区发展思路

目前，金融高新区的城市生活配套已经相当完善，在从居住、生活娱乐、教育、医疗、交通等方面都可以体现，也提升了整个佛山的市容市貌。

居住：公寓项目一直以来都是金融高新区的重点配套项目，初衷是着力解决金融高新区进驻企业员工的居住问题，为企业员工提供一个环境优美、生活舒适、配套齐全的生活空间。为此应运而生的益禾公寓已经投入使用，该公寓地理位置优越，西接广州地铁，东临佛山一环。公寓内交付配套成熟，拥有完善的装修，配备了电热水体、空调、生活家私等。同时设有保安监控中心，实行 24 小时全天候监控，保障入驻员工的安全。目前整个项目由 11 座公寓组成，能够容纳 4500 人居住。优美的生活环境也吸引了很多大型房地产机构发展项目，万达、万科、保利等房地产公司纷纷入驻，具有代表性的品牌楼盘如佛山首席豪宅中海千灯湖一号、中海万锦豪园、保利花园、中建灯湖领袖、万科金色领域、招商依云天汇、当代万国府 MOMA、奥园一号、中国铁建国际公馆、宇佳滨江一号等为驻区员工的居住条件提供了更多的置业选择。许多原本“双城（广州佛山）奔波”的白领也因为这里舒适的而安定下来。

生活娱乐：园区内风景秀丽，除了千灯湖公园，金融高新区内附近还建有虫雷岗山公园和灯湖市政公园，湖光山色，绿树成荫，是市民们日常健身、休闲的理想场所。毗邻的南海全民健身广场免费为驻区员工提供运动健身的良好环境。傍晚或周末，由桂澜路一字排开的各大购物场所，吸引着下班后的白领和居民与亲朋好友聚会休闲，目前金融高新区拥有保利水城、万达广场、万科广场、宜家家居、佛罗伦萨小镇、中海环宇城等多个大型购物场所，拥有沃尔玛、卜蜂莲花、吉之岛、百佳、Taste、屈臣氏等国内、国际著名零售企业。酒店方面引入了多个一线品牌酒店集团，如希尔顿酒店、洲际酒店等。良好的设施配备也吸引了南海区外的其他游客和佛山居民周末到南海休息聚会、骑行、散步，享受闹中有序、闹中有静的美好生活。在环境提升方面，佛山正在实践新的尝试，开始正式启动慢行系统完善及提升工程，旨在与慢行系统一期、二期接驳，形成通达片区内各重要载体和公共交通枢纽、环境优美的行人路径。慢行系统总投资约3500万元，将在道路节点上建设廊架、城市标志小品，并在部分路口地面进行彩色喷涂，以增加城市色彩活力。项目完工后，金融高新区核心区范围内的慢行系统和片区景观都会得到进一步完善提升。

交通：因广佛地铁的开通和公交系统的无缝对接，从南海搭乘地铁到广州珠江新城仅需半小时，公交车1个小时内便可到达。从南海区出发，到广州南站仅20分钟车程，到深圳北站仅需30分钟，2018年粤港高铁开通后，48分钟即可抵达香港，如此便捷的交通枢纽，使得香港高管到金融高新区开会即日往返成为现实，粤港服务贸易合作条件将更加有利，粤港合作的前景将更加广阔。升级后的轨道交通大大缩短了城与城之间的距离，现在不仅仅是广佛同城，整个珠三角地区都在时间和空间上更加紧密地联系到了一起。

电力保障：金融高新区内建有全国的 A 类电网，供电可靠率达 99.999%，全年停电时间不超过 5.2 分钟。目前同类电网在国内只有 3 个，分别位于上海浦东、深圳福田及广东佛山（金融高新区），这一高端配置比肩美国纽约、英国伦敦等国际金融中心。

引入国内海外教育资源：佛山市目前拥有全国领先的职业教育培训体系，主要以佛山当地的市场和人力需求为导向。因此在这里有众多的业余教育学院与职业培训学校，为第一线输送了一批生产、服务、管理的技能型和实用性人才。近年来，佛山市政府高度重视引入基础教育幼儿园、小学、中学，其中不乏海外知名国际教育集团，使得园区内的家长对孩子的教育选择更加丰富，也表明了金融高新区培养国际化人才的决心。在园区内新建教育区，引入美伦国际学校、新加坡国际大学商学院、伊顿国际学校等国际教育资源，也为擦亮南海国际化品牌锦上添花。金融高新区还高度重视校企联合培养人才的策略，与英国诺丁汉大学、清华大学、新加坡国立大学、北京外国语大学南方研究院、广东外语外贸大学、广东金融学院等国内外优秀院校开展合作，目前主要合作项目为科研和人才输送，未来会进行深度的校企人才联合培养项目，让毕业的人才留下来，并且能适应环境，放手施展才能，助力金融高新区腾飞。

人才全面服务：南海区结合《佛山市高端金融人才引进培育办法（试行）》组织金融人才申报，并提供奖励扶持资金。同时依托“金英荟”，搭建平台助力企业招聘。2017 年“金英荟”组织金融高新区企业在广东财经大学和广东外语外贸大学开展金融高新区校园宣讲招聘会，并在之后每年都在金融高新区内组织社招专场等，并通过召开 HR 座谈会、组织企业参加 2017 年南海区人力资源高管培训班等活动，积极为金融高新区重点企业和人才搭建沟通桥梁。“金英荟”面向园区举办“缘来是你”——M派对、“灯湖女神”评选等各类活动，以及推出金融高新区手绘地图，组织广佛大学生到金融高新区开展定向寻标邀请赛暨创客沙龙活动，展现园区企业员工以及企业的良好风貌，活跃园区氛围，同时增强园区内人才的认同感，吸引了很多高级人才落户园区。同时，还依托南海区的人才新政策与“人才卡”，加大对高端专业人才创新创业、购房租房、生活、子女入学、医疗健康等方面的扶持和补贴，吸引更多人才进驻。

为了吸引和留住更多的人才，金融高新区结合各方资源，采取多方措施。

第一，坚持项目引才，促进引资引智结合。充分发挥金融高新区高端定位、高端载体集聚优势，以及区域产业基础雄厚、金融支撑强大的优势，重点引进智力密集型金融后台服务机构、创新型法人金融机构、高端服务外包企业、战略性新兴产业等科技金融高端项目，引进金融、科技领军人才，提升金融高新区金融专业人才的总体水平、完善各层次的人才结构。

第二，深化校企合作，加大人才培育力度，加强与国内外知名院校合作，建设好广东产业金融研究院，打造国内外高端金融智力交流平台。同时推进广东—诺丁汉高级金融研究院的后续服务工作，高度重视大规模的基础型、实用型人才的引进和培育。做好博士后工作站进站、出站工作，保证金融高新区理论研究顺利进行，提升园区的核心竞争力。并探索与北京外国语学院南方研究院的合作。

第三，推动创新创业，打造千灯湖创投小镇，2018 年，千灯湖创投小镇已经成为佛山市级特色小镇，小镇将成为天使投资、风险投资等股权投资机构集聚发展区域，未来将成为华南地区具有品牌影响力的创新创业创投人才生态圈。

第四，加强政策扶持，完善人才优质服务体系。与人才办等做好对接，探索出台高端人才尤其是金融服务人才的优惠政策，吸引落户。建立人才服务绿色通道、完善金融高新区人才培训体系，营造促进人才提升的良好机制和尊重人才的良好氛围。强化服务，引才留才，为高层次人才在出入境、医疗社保、购房、税收、子女入学等方面提供便捷、优质的服务。健全创业金融服务体系，大力引进风投机构，为人才创新创业创造更加优越的投融资和发展环境。

第五，加强宣传推广，优化企业服务，依托好“金英荟”平台，通过举办培训、联谊等活动，密切金融高新区各入驻企业间的联系，做好企业服务。同时通过举办金融高新区高校招聘会、高校学生游金融高新区等活动，吸引更多的高校学子来金融高新区创业、就业。

医疗健康：现在佛山市内拥有一批设备先进，仪器精良，服务有保证的医疗机构，包括佛山市第一人民医院、佛山市中医院、佛山市妇幼保健院等医院。金融高新区附近也建有广东中西医结合医院、南海人民医院，为区内人员提供现代化医疗服务，为市民和园区员工的身体健康保驾护航。此外，一批民营的健康管理机构也选择落户南海，为园区内的员工和市民提供便利和更多的医疗选择。

金融后台产业发展成果

十年前，在国际金融业前后台分离的大趋势下，金融高新区顺应时代潮流抓住机遇全力打造辐射亚太的金融后台基地，通过引进金融后台产业与广州、深圳等金融前台城市形成错位发展，共同促进广东金融业的发展实现“金融强省”的发展目标。随着金融高新区的不断发展壮大，其定位也由最初的“金融后台基地”调整为共同发展的双定位，但金融后台基地的建设始终是金融高新区的发展重点。十年过去，金融高新区的金融后台基地建设也由最初的蓝图设计一步步发展成为今天生机蓬勃的金融后台热土。

20世纪末开始，国际金融产业呈现出前后台业务加速分离和后台业务分工不断细化的发展趋势，其主要表现是金融机构后台业务不断被独立出去，外包服务规模不断扩大，并呈现出由欧美向亚太地区转移的新态势。这种变化不断改变着国际金融业发展的产业格局和地域分布，给广东金融强省建设和珠三角地区金融产业发展带来了重大机遇与挑战。正是在这样的时代背景下，金融高新区应运而生，并提出了建设辐射亚太的金融后台基地。

金融后台业务，是指与金融机构直接经营活动（即前台业务）相对分离，并为前台业务提供服务和技术支持的功能模块和业务部门，如数据中心、清算中心、银行卡中心、研发中心、呼叫中心、灾备中心、培训中心等。而金融后台服务体系则是指为了顺应信息技术迅猛发展和全方位市场竞争趋势，金融机构进行业务流程再造，促进资源共享与节约利用，整合与金融后台业务发展具有互动关系的各种资源（包括良好的信用环境、便利的通信和交通基础设施、高度发达的人才教育和培训体系）而形成的为专业化生产服务的信息技术服务机构、生态化金融后台服务产业园区，以及健全的金融外包监管制度、完善的知识产权保护制度、优惠的政府扶持政策等构成的有机体系，其建设包括软件建设和硬件建设两部分。

金融后台业务中的很多功能模块和业务部门都涉及大量的数据存储和交换，为保证数据存储的安全和数据交换的便利，金融后台基地需要为其提供高标准的硬件设施。硬件设施方面包括高规格的电信带宽、双电源供电、通水通气、便捷交通，等等，因此在金融高新区建设金融后台基地的过程中硬件设施建设也扮演着非常重要的角色。

以PICC南方信息中心为例，PICC南方信息中心核心区域占地8.26万平方米（约123亩），总投资达18亿元。其中，机房楼占地面积约1.76万平方米并按欧美最高标准建设，广东抗震一般为7度抗震，而该楼达 8 度抗震，普通楼每平方米承重为 300～500 千克，而该楼达每平方米承重达 1500 吨，大楼周边无污染、无电磁干扰。同时南方信息中心安装有全球最高级的计算机设备，支持全国业务发展，完善管控能力，通过信息化带动业务发展。PICC 南方信息中心对电力供应要求极高，采取不间断双路供电，同时采用 UPS（持续、稳定、不间断电源）作为补充，特殊情况下，只需几微秒（1 秒 = 100 万微秒）就可启动供电，为此该公司还配置了 5 台先进的柴油发电机，建设了几十吨的油库以备发电之需。

在具备良好的硬件设施之外，金融后台基地的建设也离不开软件方面的建设。软件方面主要包括园区的生活、文化和工作环境。金融后台产业发展需要大量的高素质人才，营造良好的生活、工作、学习环境是能否留住企业员工、保持企业持续发展的重要因素。

同样以 PICC 南方信息中心为例，PICC 南方信息中心建成后，为吸引金融人才，南海区为前来工作的金融高管及高端人才在户籍、配偶、子女教育、社保等方面都给予了便利，并为金融高管提供购房、购车的相应补贴。而为了给员工提供更好的生活配套服务，PICC 还在基地 1.5 千米左右的范围内建设了一栋员工公寓，建筑面积达 3 万～5 万平方米，可以解决 1000 多名工作人员的住宿问题。

完善的软硬件配套设施是金融后台基地建设的必要基础，然而拥有了完善的软硬件设施却还远不能实现金融高新区辐射亚太的金融后台基地的定位，要实现这一定位还需要金融后台基地建设中绝对的主角——企业的参与。只有吸引各领域的国内外金融后台业务企业的进驻，金融高新区才能真正实现金融后台产业的发展和聚集，实现其金融后台基地的定位。

金融高新区在金融后台基地的招商建设过程中采用了高起点、高平台的发展方式，在招商方式上始终坚持引入国内外行业龙头企业、打造行业标杆的发展策略，以商引商，从一开始就清晰地定位为辐射亚太的高端金融后台基地，通过龙头企业的示范效应吸引同行业其他企业自发进驻。同时在选择金融行业时也充分考虑了行业的发展前景以及对广东省金融业发展乃至产业发展的促进作用等多方面因素，最终形成了覆盖了保险业、银行业、服务外包产业等众多金融业态的多方位布局。

我国的保险行业起步较晚，1980 年国内保险业务才开始恢复，与世界保险业发展状况相比较而言，我国保险业发展水平还相当低，保险行业巨大发展空间是不容置疑的。由于保险行业的行业性质，其在后台业务方面有着非常大的需求，随着金融产业前后台分离的大趋势，保险行业后台基地的发展前景也无疑是巨大的。而广东省在保险行业的发展中一直走在前列，占有全国保险业最大的市场份额，这也为金融高新区发展保险业后台业务基地提供了必要的基础。

因此，在保险业后台基地的建设过程中，金融高新区首先引入了美国友邦保险有限公司（AIA）、中国人保集团（PICC）等国内外保险巨头，在金融高新区设立了其后台服务中心和信息中心。美国友邦保险公司是国际知名的保险巨头，其业务范围和影响力都非常广泛，而中国人保集团则是国内保险业的翘楚，这些保险业后台中心的进驻肯定了金融高新区作为国际金融后台基地的实力，也给金融高新区的发展注入了一线活力和生机，使其今后的蓬勃发展有了一个良好的开端。

友邦保险和中国人保的成功进驻让金融高新区的发展实现了“开门红”，同时行业龙头的示范效应也让金融高新区在之后的建设中成功吸引了诸多国内外知名保险企业，包括太平洋保险、信诚人寿、大都会人寿、平安产险、安盛天平财产保险等品牌，且品牌和规模也在逐步扩大。

银行业作为企业发展的“催化剂”，在区域经济发展中起着举足轻重的作用，而其后台业务的发展在金融后台基地的建设过程中也占有重要地位。在银行业后台基地的建设方面，金融高新区先后吸引了广发银行、汇丰银行等银行后台中心进驻，这些银行后台中心的进驻不仅为金融高新区的后台产业发展提供了动力，而且为区域经济发展和转型升级注入了新的活力。而银行业后台基地建设过程中另一个举足轻重的成就便是成功引入了中国银监会并建立了银监会南方国际培训中心。中国银监会在银行业中的地位不言而喻，它的进驻为金融高新区树起了银行业的标杆，也进一步提升了金融高新区的品牌形象和辐射能力，还能促进南海高端智力密集型金融后台产业聚集。

随着金融业务的不断创新，企业光靠自身的研究开发已不足以保证在竞争中取胜，于是很多金融企业将研发环节外包给专门的研发中心，金融后台服务外包已经成为经济全球化背景下大型金融企业降低成本、获取新技术、整合资源和提升企业竞争力的首选途径。从世界范围来看，金融后台服务外包行业仍处于行业生命周期的高速成长期，一些主要发达国家的金融机构不断将工作岗位迁移到那些具有相对低薪劳工优势的发展中国家或地区。而从国内范围来看，过去十年间金融后台服务外包在中国也经历了一个飞速发展时期。

在这样一个充满发展机遇的时代背景下，金融高新区在建设初期便抢占先机将发展服务外包行业定为金融后台基地建设的工作重点，并取得了诸多工作成果。过去十年间，金融高新区先后引入了新宇软件、浪潮世科、法国凯捷、IBM 等知名企业，实现了软件研发、信息技术服务、教育培训、设计测试、动漫游戏等核心外包产业的全覆盖。而2017 年，金融高新区更是成功引入互联企信集团（全球最大的外包呼叫运营商）广东项目、美国甲骨文（全球第一大的企业管理软件公司）技术人才创新创业基地、Teleperformance 集团等项目，服务外包产业基地建设得到进一步发展。截至 2017 年 6 月，金融高新区已成功引进服务外包企业 30 家，其业务涵盖金融服务外包、第三方服务外包以及以互联网金融为主的泛服务外包三大类型，吸引从业人员规模超过 3 万人。

为了更好地建设服务外包产业基地，2017 年 8 月，在省商务厅的支持下，金融高新区服务外包产业公共服务平台正式揭牌，该服务平台的设立旨在较短时间内有效带动金融高新区服务外包行业全产业链集聚发展，进一步培育区域内浓厚的服务外包产业氛围，以提升广东金融高新区在服务外包领域上的品牌形象和影响力。自 8 月正式运营以来，短短两个月内平台就已吸引佛山市服务贸易和外包协会、万宝盛华集团全资子公司进驻，并新增电信盈科、泰盈科技等多个在谈的待孵化项目，其创新的建设运营模式也得到省、市、区各级领导的高度认可。此外，金融高新区还被鼎韬产业研究院与中国外包网联合评为“2016 年中国最佳科技服务园区”，为国际市场和国际企业提供园区标杆，国际后台影响力得到进一步提升。

除坚持以商引商的招商方式外，金融高新区在建设过程中还采用了推介会这一重要的方式来进行对外宣传。“走出去”、主动向外介绍自己，一直是金融高新区在建设过程中不断坚持的发展理念。从最开始的“进京赶考”，到后来的中国香港推介会、新加坡推介会、日本推介会、纽约推介会以及伦敦推介会，金融高新区自成立以来几乎坚持每年进行一次推介会，且推介会的地点都是国际知名金融中心。随着金融高新区越走越远，国际影响力也越来越大，但其推介的目的始终不变，一直坚持学习国际知名金融中心的发展经验、主动对接其金融后台产业的转移，通过吸引国内外顶尖企业来提升行业水平、促进广东金融行业的发展，实现金融强省的目标。

通过以商引商和推介会等多种不同的招商方式，金融高新区在过去的十年中成功吸引了众多金融后台机构进驻，并实现了在保险业、银行业、服务外包产业等众多金融业态的多方位布局，金融后台基地已经初具雏形。

金融产业发展及创新成果

十年来，金融高新区的金融产业发展，可谓是枝繁叶茂，四处开花，硕果累累。从最开始大力引进的创业基金类项目，到随后的民间金融街、场外资本市场、互联网金融、支持双创的私募创投基金，以及最新的在金融租赁、金融征信领域的探索，每一个方面的工作都做出了令人瞩目的成绩。2010年率先提出探索金融科技产业融合创新发展以来，金融高新区已初步构建起较为完善的金融服务科技产业融合创新体系，涵盖“一条街”（佛山民间金融街）、“两个中心”［广东金融高新区股权交易中心与全景网（广东）路演中心］、“两个研究院”（广东—诺丁汉高级金融研究院与广东产业金融研究院）、“四个品牌活动”（金科产融合创新洽谈会、资本市场发展大会、中国并购高峰论坛、广金千灯湖金融峰会）。

在私募创投领域，2010年金融高新区首次提出启动建设中国最佳私募基金及风险投资聚集区，并在同年成功举办第一届“中国（千灯湖）金融、科技、产业融合发展论坛”。2010年底，共有6家私募基金或管理机构正式进驻金融高新区，首期募集资金规模达26亿元。之后的数年间，金融高新区在私募创投领域几乎是以每年100%的高速在发展。截至2017年底，金融高新区引进的私募创投项目累计达204家，募集资金规模超345亿元，品牌项目包括粤科、英诺、深创投、集成创投、达泰等，投资领域涵盖“互联网+”、节能环保、信息技术、高端装备制造、新能源等战略性新兴产业领域，有力带动传统制造业产业的转型升级与创新发展。早期大量引进的优质私募创投项目撬动了广东地区沉积的庞大民间资本，为金融高新区的前期建设注入了活力；随后金融高新区在2010年提出的金科产融合的宏观战略思路引导金融资源流向了具有更高生产力和更强生命力的新兴科技产业；而2015年提出的创新创业发展思路又一次次激发了私募创投集聚的热潮。在此背景下，

2017 年 7 月，在金融高新区的核心地段，千灯湖创投小镇项目建设启动，不仅为大批创业者和投资人提供了交流与集聚的平台，也为促进珠三角地区产业升级转型、保持经济持续发展、实施创新驱动发展战略提供了良好机遇。2010—2017 年，金融高新区在私募创投领域的发展速度令人惊叹，而获得良好发展的私募创投产业又在逐渐扮演着金融高新区越来越重要的战略角色。伴随着粤港澳大湾区的建设，各金融平台、金融市场的互联互通在金融高新区已经产生一定集聚效应的私募创投产业必将发挥更大的影响力，为佛山带来更多的人才、资金和资源。

金融机构方面，金融高新区一方面不断引进龙头金融机构，形成了强大的产业集聚效应；另一方面积极推动本土金融机构助力实体经济发展。在金融高新区建设初期的 2007 年，区域内的传统金融几乎是一张白纸。在当年的工作计划中，区金融业发展办公室提出：力争 2008 年吸引 3 ~ 5 家金融机构进驻，努力争取外资银行进驻，实现我市银行业发展的突破。2009 年的招商成绩远远超出预期，中国人保、招商银行、民生银行等十几家金融机构进驻，为金融高新区的金融产业发展开了个好头。在随后的数年中，浦发、汇丰、恒生、东亚银行、广州证券、渣打银行等金融机构陆续落户金融高新区，不仅打破了区内无外资银行进驻的局面，而且金融机构集聚的积极效应开始显现。到 2010 年底，南海区金融机构的存款、贷款指标均获得了约 16% 的增长速度，银行业利润均获得了大幅增长，较同年初增长了 86% 。大量金融机构的入驻为金融高新区的金融生态系统打下了坚实基础，2011 年前后，金融产业建设的战略布局开始更多地关注于本土金融机构的发展和构建地方特色的金融产业。从试点村镇银行，到担保公司、典当行、贷款公司、融资租赁等类金融机构，再到保险代理、保险中介等微型金融机构，各类项目纷纷上马，极大地丰富了金融高新区的金融业态。2015 年成立的南海农商行科创支行，是近年来金融高新区金融产业发展战略的一个重要汇合点。南海农商行作为本土传统金融机构，在金融、科技、产业融合的发展战略下设立了科创支行，以事业部制的管理模式专为科技型企业提供更有针对性的融资产品，有效地降低了客户的准入门槛，将金融创新和科技创新的战略意图有机地融合在了一起，是发展地方特色金融产业的一次成功尝试。同期，金融高新区内的兴业银行和中国银行分别设立了科技支行，为科技型企业融资设立“绿色通道”，提高融资审批效率。十年间，金融高新区内已经形成了集银行、保险、证券等金融业态，集本土与外资机构，能够提供直接融资和间接融资、传统金融和创新金融服务的金融产业生态系统。仅 2017 年，金融高新区就新增浙商银行佛山分行、联储证券广东分公司等金融机构。截至 2017 年底，金融高新区内已集聚银行 32 家，证券机构省级分公司 1 家，市级分公司 4 家，证券营业部 32 家，保险主体机构 26 家（财险 16 家、寿险 10 家）。金融高新区的金融产业已然颇具规模，且在金融创新和业态多样化方面初步形成了领先态势。

在资本市场的建设方面，金融高新区一直以来都致力于发展多层次资本市场，为广大中小民企提供更优质的融资服务。遵循着发展多层次资本市场的战略主线，金融高新区在十年间资本市场发展的线路可以大致归纳为三个方向，一是在早期建推动的民间金融街的建设；二是大力推动区域股权交易中心的建设，成立广东金融高新区股权交易中心（包括后来的科技板、华侨板以及知识产权运营中心等）；三是出台相应的优惠政策，支持鼓励企业上市，从区域性股权交易市场到新三板、创业板甚至主板。民间金融街的正式揭牌是在 2013 年 7 月，而其首批“驻户”是 14 家小贷公司。佛山民间金融街的发展思路在一定程度上借鉴了广州民间金融街，采用以小贷公司为主的“错位发展”理念，期望能与大型商业银行提供的标准化金融服务形成互补。仅 2013 年底，金融街投运企业实现纳税 1148 万元，小贷公司汇聚民间资本 40 多亿元，累计投放贷款金额达43.2亿元，惠及3000多家企业，有效盘活了民间资本。2014年，民间金融街已汇集银行、保险、证券、股权交易中心、PE/VC、事务所、行业协会等多种金融业态，进驻项目数达60多个。到2014年底，金融街内的17家小贷公司累计投放贷款3987笔，投放金额达116.3亿元，惠及中小微企业及个体工商户几千家。而2015年，虽然民间金融街的规模和影响力在不断扩大，但由于风控要求的不断提高，其增长的速度已然开始放缓。就在此时，乘着创新创业的浪潮，根据省金融办的统一部署，佛山民间金融街升级为众创金融街，金融高新区整合金融街一期、承业大厦、亿能国际等产业载体，以互联网金融和移动互联应用为主题，打造了约1.76平方千米的千灯湖创新创业社区，集聚更多的创新创业资源。各路天使基金项目、创业孵化器以及银行金融资源再次聚焦民间金融街，为其带来了发展新动力。

与民间金融街同期建成的广东金融高新区股权交易中心是金融高新区资本市场建设的另一项重要成果。金融高新区的股权交易中心是广东省政府正式批准营业的第三个OTC市场。该市场由金融高新区管理委员会牵头，联合广发证券股份有限公司、招商证券股份有限公司、广东省产权交易集团有限公司、深圳证券信息有限公司、佛山市金融投资控股有限公司、佛山市南海金融高新区投资控股有限公司共同组建，真正实现了省市共建，券商主导，市场化运作的设计思路。OTC市场的建设与布局，不仅是对民间金融街功能的补充，也正式意味着金融高新区已由外围的金融后台领域深入金融最核心的资本市场领域，对金融高新区及佛山金融业发展具有标志性意义。OTC市场的主要作用，是为非上市公司股权、债权、权益产品及相关金融产品的挂牌、转让、融资、登记、托管、结算等提供场所、设施及配套服务；为非上市公司提供咨询和培训等综合服务。高新区股权交易中心的挂牌成立，是对省内资本市场多层次框架的一次补充和完善，无论是对于本土企业，还是整个广东省金融体系的建立，都有重要意义。广东金融高新区股权交易中心的成立，为本地中小企业融资提供了更多的选择。更重要的是，股权交易中心在功能定位上是企业最终上市的中转站。仅在股权交易市场成立的第一年，就有 229 家企业挂牌交易。到了 2014 年底，注册挂牌企业达到 1141 家，累计为企业成功实现融资 38.9 亿元，逐步构建起包括股权、债权、知识产权、科技创新等新型融资服务体系，形成了 4 大类近 30 项融资产品，并在广东江门、肇庆、云浮、韶关、揭阳、茂名以及粤桂合作特别试验区、河南省等地设立运营中心或服务基地，基本形成了覆盖广东全省的业务网络，并逐步对外扩展。2015 年，股权交易中心陆续推出“科技板”“华侨板”，探索股权众筹及知识产权交易平台，使中心的影响力进一步扩大，截至 2015 年底共有注册挂牌企业 1643 家（其中超 50% 为科技型企业），实现融资 325.72 亿元。2017 年，金融高新区先后举办资本市场发展大会、第三届中国并购高峰论坛等大型活动，并与广东证监局、上海证券交易所、深圳证券交易所、香港交易所、全国中小企业股份转让系统达成战略合作，搭建起资本市场的对接交流平台。截至 2017 年底，广东金融高新区股权交易中心主板挂牌企业 137 家，科技板挂牌企业 103 家，华侨板挂牌企业 482 家，累计实现融资额超 946 亿元。上市后备企业 117 家，其中重点类上市后备企业 27 家。完成股份制改造企业 71 家，涉足多层资本市场的企业 800 多家。蓬勃发展的金融高新区股权交易市场，一方面丰富了本地资本市场的层次，拓宽了企业的融资渠道；另一方面，不断升级的版块设计（“科技板”“华侨板”等）也使股权交易中心成为金融科技产业融合发展战略，以及粤港澳联合发展战略的重要载体。最后，联合全景网（广东）路演中心等平台，股权交易中心确实起到了“上市演武场”的重要作用，为本地企业进军新三板、创业板甚至主板资本市场提供了强大的助力。（见表 15－2）

表 15－2 广东金融高新区股权交易中心主要数据（截至 2018 年 4 月底）

注册登记企业		2959
挂牌企业数/家	主板	160
	科技板	212
	华侨板	522
融资金额/亿元	总融资额	948.014926
注册登记企业		2959
其中：	私募股权融资	0.1296
	私募债权融资	168.6784
	股权质押融资	6.825
	资产证券化产品	771.897526
	其他融资	0.7984
投资者开户数	总数	720570
其中：	柜台投资者户数	1186
	互联网投资者户数	719384
会员家数	总数	361
其中：	证券公司家数	17
托管企业家数		118
托管总股本/万股		2095975.15 万元人民币＋1842.8 万美元

资料来源：金融高新区管委会。

通过资本市场的建设，近年来南海区上市速度明显加快。2017 年，南海新增雄塑科技、新劲刚、蒙娜丽莎、伊戈尔电气 4 家上市企业，募资 25 亿元，9 家新三板企业以及 31 家区域性股权交易市场主板企业。目前金融高新区已基本建立涵盖主板、中小板、创业板、新三板、区域股权交易市场等多层次资本市场体系，拥有上市企业 18 家，新三板企业 41 家（其中创新层企业 1 家），其他场外挂牌企业 208 家。同时，南海庞大的上市“后备方阵”逐渐浮现，拥有上市后备企业 168 家，其中重点类上市后备企业 58 家，完成股份制改造企业 100 多家，涉足多层次资本市场的企业 1100 多家。（见表 15－3）

表 15－3 南海区企业上市情况

项目	分类	数量/家	合共/家
上市企业（IPO）	国内市场 境外市场	13 5	18
新三板企业	创新层	1	41
	基础层	40	
粤股交挂牌企业	主板	117	208
	科技板	91	
上市后备企业	重点类	58	168
	培育类	110	
完成股改企业		100	100
涉足多层次资本市场		>1100	>1100

资料来源：金融高新区管委会。

金融创新领域，金融高新区在多个方向都进行了有益的尝试。从早期的民间金融街小贷公司到中期的产业金融及互联网金融，以及近期在融资租赁和金融征信等前沿领域的探索，都展示了金融高新区在金融创新方面的勇气和决心。需要强调的是，创新具备相当的风险性与时效性，合理的创新尤其需要因地制宜、因时制宜。在丰富金融业态，发展民间金融的阶段，大量入驻的微型多元金融业态在调动民间资本，拓展融资渠道方面发挥了重要作用；在互联网金融时代，金融高新区积极拥抱第三方支付。2014 年初，中国电子商务互联网金融创新基地在佛山市南海区千灯湖畔挂牌成立。同时挂牌的，还有中国电子商务创新基金和中国电子商务智慧型企业孵化器。这是国内首个以“互联网金融创新”为主题的产业基地。截至 2014 年底，在短短一年的时间里，在产业基地内，第三方支付、跨境电商、互联网金融咨询、互联网金融证券、大数据等行业类型的项目已纷纷签约落户当地。包括沃银、易联支付和司马钱在内的众多互联网金融巨头纷纷进驻千灯湖，这意味着金融高新区在发展互联网金融产业规模方面已初见成效，正逐渐成为佛山乃至广东区域的互联网金融产业聚集地。然而，随着 2015 年、2016 年互联网金融风险的累积，整个产业进入严控风险的阶段，不断出台的调控和专项整治方案让互联网金融的发展快速降温。在此背景下，金融高新区主动转向，将目光聚焦在风险更低，也更契合珠三角地区产业发展需要的融资租赁领域。在金融租赁、融资租赁等新兴金融业态中，金融高新区依附其金融、科技与产业创新融合的发展战略，积极推进制造业金融的发展，抓住了制造业机械设备资金占用大、企业负担重、升级转型难的痛点，助力佛山打造国家制造业创新中心，以及珠江西岸融资租赁业区域中心。截至 2017 年 12 月底，南海区内注册的融资租赁及金融租赁机构达 43 家，注册资本达到 44.68 亿元，全区融资租赁机构累计发放融资金额约 201 亿元，支持先进装备制造业发展的融资租赁资产余额 48.69 亿元。其中，佛山海晟金融租赁股份有限公司 2017 年接洽珠三角地区装备制造企业超 2000 家，并对 1140 家中小型企业发起授信，涵盖机械装备、医疗器械、新材料、家用电器、环保等本地主要产业，定点突破工业机器人产业。

在金融征信等前沿领域，金融高新区一方面是推动“信用为本·跨界共享”金融信用体系建设，在南海区建立“政银企”征信云数据创新应用平台，形成基础信用“数据池”及系列操作管理规范。同时，南海区在金融高新区内成立金融审判庭和金融仲裁庭，构建起南海区联合执法机制及信用全链条激励约束机制，建立首批诚信典型名单和严重失信记录名单，让守信者受益、失信者受限，从而破解法院执行难、中小企业融资难等系列现实工作困局。另一方面，金融高新区依托“互联网+”众创金融发展，积极探索区块链技术的应用。2017 年，金融高新区“互联网+”众创金融示范区被纳入广东“互联网+”试点项目，并被列入广东省大数据产业园。在此有利的契机下，金融高新区围绕“金融科技”“互联网金融”“区块链”等方面进行了大量学习考察和政策研究工作，研究未来金融高新区打造“区块链+”金融科技高地的发展思路，并形成《互联网金融政策研究报告》《广东金融高新技术服务区打造“区块链+”金融科技高地发展思路的报告》等成果。从产业发展的角度来看，金融高新区已经进入产业前沿探索的阶段。然而，从追逐到超越，从超越到领跑，金融高新区在发展金融产业，探索业态前沿的道路上绝不是一帆风顺的，资源的倾注、正确的引导和试错容错的心态缺一不可。在下一阶段的发展中，跻身行业领跑者队伍的金融高新区毫无疑问将面对更强的风阻，如何保持当前的发展态势，继续发挥区域的特色和优势，将是金融高新区下一阶段发展的关键议题。

十年的时间，作为承载区域发展战略的平台，金融高新区打造了多个影响力广泛的活动，包括行业沙龙，“灯湖论剑”、金科产论坛，金洽会等。这些活动有的致力于资源整合，有的重在观点碰撞。随着规模和影响力不断扩大，这些活动在区域和行业中都产生了广泛的影响力，在促进地方企业发展的基础上，不断探索相关产业发展的前沿和方向，现在已经成为金融高新区的特色经典活动。通过这些活动，越来越多的新企业、新模式、新思路和新趋势得到了投资者及企业家的关注，不断为金融高新区的产业发展和趋势判断提供助力。

微观虫看：内部视角下的金融高新区

评价一片区域发展的好坏，没有什么比住在这里、工作在这里的人更有发言权了。在各类外部评价者眼中，这片区域可能是政绩，是地皮，是商业投资项目，或是理论的试验场。但对这里的居民而言，这里是家，是生活，是他们生命中不可分割的一部分，他们在这个区域里生活，也构成了这个区域。为此，我们采访了数位在金融高新区工作生活的居民，他们有土生土长的本地人，也有被这里优越的工作生活条件吸引过来的人才。他们有着不同的年龄和背景，所处不同的行业和职位。他们对于金融高新区的认识，从各自的视角共同构建了金融高新区这一概念。他们对于这里十年来的发展成果，有着更为直接的切身体验。

外包服务产业：法国凯捷

法国凯捷亚太区域的副总裁、总经理潘湛光是最早一批入驻金融高新区的企业高管，他可以说是眼看着金融高新区一点点发展壮大的。坐落在金融高新区内的广东凯捷商业数据处理服务有限公司，办公室中庭有一个漂亮的花园，树木长势很好，差不多超过了四层楼的高度，而在十年前，这里几乎什么也没有。潘湛光感慨地说："这些树木生命力很旺盛，也侧面反映了金融高新区的良好发展，公司也生长得很好。"作为世界排名前 3 的咨询及外包服务供应商，客户都是跨国企业，主要是亚太区客户的业务，如财务会计这方面的流程、采购流程等，或者帮助他们建立或者优化它的共享中心之类。法国凯捷在广州运营到 2009 年，业务不断增长，公司需要更大的地方，而且对于后来服务行业来说，原本在广州珠江新城的办公地点成本很高，不太适合传统 CBD 的环境。2007 年凯捷就听说金融高新区的建设，凯捷被"金融后台基地"的定位吸引，不过最打动凯捷是政府的诚意。十多年前，全球外包服务行业开始兴旺起来，我国商业部门出台了一项政策，所以全国有 20 多个城市被设定为外包服务的模范城市，这样的城市中，如果你作为甲方成立一个共享中心或者是服务提供者的话都有一些国家定的税务优惠。佛山虽然没有被列为模范城市之一，但从那时开始区政府和佛山南海政府就开出了一个条件，基本上像凯捷或者其他进驻的企业和服务外包关联的话，能够拿到等同于在广州模范城市的这些税务的优惠。潘总回忆着当年与政府包括进口办的洽谈，认为政府沟通非常实在，一切以服务为导向，在各方面都给予支持。再加上南海离广州非常近，隔一条河就到了广州的荔湾区，交通也十分方便。整体考虑之后，2010 年 12 月，法国凯捷离开广州天河，投入金融高新区的怀抱，设立中国 BPO 运营中心。"刚来的时候其实还没什么建筑的，只有一个洲际酒店，那就是金融高新区大街的一个地标，除了那个酒店之外，可以说都是在建的楼盘，都是已经规划好了在建但是还没看见的”，然而罗马不是一天建成的，经过七、八年的不断发展，陆陆续续的就多了很多地标性建筑物，如友邦的大楼、广发银行之类。“现在最有吸引力的应该是千灯湖，作为整个区域的休闲生活工作中心，我觉得是一个非常有人气的地方。我们的很多外国客户，包括我们外国公司的领导过来参观的时候都很惊讶，认为我们的规划和建筑物都是很先进的，现代化，井井有条，而且很大气。对于我们的行业来说，最大的竞争对手是印度，我们的客户都普遍认为我们的基础建设要比他们做得好”，提起这十年的发展，潘总非常有信心。

政府深谙招好商、招大商不仅能够打造金融高新区的高端业态，企业也能对金融高新区的发展产业促进作用。佛山本来是一个制造业的底子，一直以来都是“made in china”，也正在探索从中国制造到中国服务的转型，金融高新区的成立创造了朝这个方向改革的条件。企业用科技、用人，打造了“无烟工厂”，这是另一个阶段。包括凯捷的竞争对手，也是入驻金融高新区的毕马威，同行业的集聚和共同生长，对于整个行业从广东,佛山的制造业环境，进入这个服务导向的行业，并且对于增加创造就业机会这一点来说有很大的促进作用。潘总也表示，“如果金融办愿意在别的地方推广这个金融高新区的话，例如在中国香港、新加坡，等等，我们都会愿意帮忙去潜在的投资者那边分享一下凯捷在金融高新区的经验”。

创新创业产业：英诺创新创业空间

在 2015 年的“双创”号召下，金融高新区大力发展孵化器，助力创企成长。目前，南海区拥有区级孵化器 13 家，区级孵化器培育单位 6 家，其中 6 家已被认定为国家科技企业孵化器，7 家已被认定为国家级科技企业孵化器培育单位，国家级众创空间 6 家，省级众创空间 7 家。全区孵化器总体面积超过 39 万平方米，在孵企业数 547 个，在孵企业专利数757个，为初创企业提供孵化场地、资金、产业链等全方位的创新服务。

“90后”的创业者洪礼坪就是其中一个受惠者。从小在佛山长大的洪礼坪似乎在上学时就决心要做一个创业者，学生时代就不停地折腾一些小项目，2015年毕业的时候转手卖掉了这些“小生意”，决心开拓自己的事业。“既然决心创业，我当时考察了北上广深加上佛山等大部分地方，跑遍了人社部门、劳动局甚至是孵化器，比较过后觉得金融高新区是最合适的选择。从人力成本的角度考虑来说，可能因为广州的压力大，而且是金融类行业发展节奏的加快加上竞争的加剧，在这个时候我觉得金融高新区刚好利用广佛线相通为契机，产生了一个人才回流的作用。另外因为我们有一半的员工是广州人，在佛山也就大概只有这个地方是能够比较方便地承接广州的人才，交通方面的话也特别方便。这里靠近地铁站是非常近的，基本都在5分钟左右的步行范围内；从城市规划上来说这里和广州其实是很接近，无论是配套设施还是交通。但是金融高新区有一个独特的优势，就是它的工作生活节奏会相对好，相对慢一点，这个氛围更适合创业，也让创业者更有时间和一些精力去慢慢地打磨一个企业，能让企业度过一个平稳的初创期。企业的初创期都特别艰难的，所以这时候的话是金融高新区的生态环境能够起到一个非常好的作用，因为在广州那么大压力的话，基本上很难有初创企业能轻易地活下来。综合考虑后，我决定在南海成立佛山市帕吉斯网络科技有限公司，到现在已经发展了两年时间，它是一个第三方的大数据开发平台，主要服务对象是一些IT企业，以及金融类、医疗类、高新技术类企业的大数据整理和分析，然后汇集其需求，包括一些数据的挖掘设计。从开发到维护的一整套开发流程，在创业过程中，遇到的困难数不胜数，单就发工资这一块就让人头疼。”洪礼坪当时面临着1个月要发几万元工资的情况，当时家里借了10万元，然而也只够支撑公司2个月的开销，但是政府解了燃眉之急，根据佛山政府对大学生创业的相关扶持政策，洪礼坪申请了20万元的无息贷款，解决了公司初创时期的工资问题。除此之外，洪礼坪坦言创业公司在招聘人才方面也会有很多困难，近几个月，帕吉斯正式加入英诺创新空间，这是一个着重投资和服务纯互联网及佛山本土制造业的中创空间，企业入孵后，为企业提供资源对接渠道，为在孵企业提供诸如媒体传播、创业辅导、资本投资、流量平台、政策申报等方面的基础性服务协助。“最初创业还没有加入英诺的时候，这里的负责人就帮助了我很多，算是早起就结下了缘分。”加入后洪礼坪发现，在这里的确能接触到很多的资源，获得很好的帮助，在英诺租办公室的话，是拎包入住的，水电都免，租金区间是3000～5000元，取决于办公室的大小。除此之外，英诺还会无偿提供创业指导服务，包括一些资源的对接。对比其他一些孵化器，洪礼坪称英诺是一家比较实在的公司，所以决定以后就在金融高新区扎根发展了。

借助金融高新区这个平台，政府牵头举办各项交流会，也使得创业企业获得很多寻找合作伙伴的机会，这里聚集了大量的资源，即使小企业也有和大公司沟通合作的机会。到2018年，一个几十平方米的房间，3张办公桌，12人的团队，帕吉斯的规模虽然不能称大，却拥有十几个顶尖项目，包括医疗、金融方面，已经实现盈利，并且在资源或者现金流上都处于上升期。谈及公司未来的发展规划，洪礼坪自信地说：“我的最终目标是公司上市，希望在大数据方面占有一席之地，最近三到五年的目标，是先将公司成功挂牌到新三板。”

对金融高新区来说，企业的成功孵化无疑是对其工作的最大肯定，也让政府更加有信心和动力推动产业集聚，造福大小企业，造福整个佛山和广东地区。

商业服务行业：Concentrix

Concentrix是一家全球商业服务行业的领袖，主要业务包括为银行、医疗、保险、技术、消费电子、零售和电子商务、政府、媒体互动、运输、旅游和汽车行业提供专业服务，在大中华区拥有 7 个运营和开发中心，支持 11 种语言，为 14 个国家和地区的客户提供涵盖客户关系管理、网页定制业务、数字媒体的内容设计和制作、银行后台业务等服务。Concentrix 佛山运营中心的办公地点位于金融高新区的景兴环球大厦 13 楼。

行政部经理刘荣在工作间隙眺望窗外，窗外怡人的景致和清晰可见的家，总能让她因工作带来的紧张疲惫瞬间消散。十年前从英国留学回国，刘荣选择在深圳工作，并成功进入全球最大的信息技术和业务解决方案公司 IBM。她说当时选择在深圳工作是因为北上广深是所有年轻人梦想的发展之地。一个非常偶然的机会，她邂逅了她的先生，也因此邂逅了金融高新区。第一次来到佛山的时候，金融高新区留给刘荣的印象是干净整洁的环境，特别是千灯湖地区，她一下子就被这样优美的生活环境深深地吸引了。当时从先生口中听到南海将要建设金融高新区，为了爱情，刘荣决定留在这里。当时金融高新区很多都还是平地，很多还在拆迁，还没有高楼大厦，也还没有建地铁，刘荣每天开车到坑口，再转地铁，每天上下班要花近两个小时，每次回到家也非常疲惫。来到南海短短几年时间，南海政府发展金融高新区的速度日新月异，基础生活配套设施越来越完善。2013 年，Synnex 收购了 IBM 全球客户关怀部门，并将其与全资子公司 Concentrix 进行整合，Concentrix，IBM 等国际大公司在政府的招商引资下纷纷落户金融高新区并蓬勃发展，刘荣也调到 Concentrix 工作。刘荣因此对 Concentrix 和 IBM 两家公司都非常熟悉，认为两家企业的高管落户金融高新区是非常明智的决策。受公司高层领导的委托，刘荣曾经在不同时期分别代表过两家公司和南海政府在公司决定进驻南海的时候有过紧密的联系。当时她代表 Concentrix 公司在与南海政府沟通时，真切地感受到南海政府对于吸引外企一类的公司高效、真诚、务实的态度。刘荣也把南海政府的这种态度如实地向公司反映，公司高层后来与南海金融办领导进行细致沟通后，对金融高新区的发展前景非常有信心，投放了大量资源发展佛山分公司。经过多年发展，公司印证了当初的选择是非常正确的。谈到对目前金融高新区的发展水平与国际化金融集聚地的比较和差异，刘荣开心地说："从环境上来看，金融高新区有可以媲美纽约中央公园和华尔街的工作环境，是一个有很好的休闲娱乐和生态环境的地方。相较于南海区，我曾经生活过的伦敦是一个有着深厚底蕴的古老城市，但是也正因为伦敦古老所以也局限了它的发展速度，但我们南海区是一个年轻、朝气蓬勃、高速和有着广阔发展空间的一个地方，非常看好未来。"

为了站在国际舞台上，吸引更多的国际化企业安营扎寨，丰富金融高新区的行业人才，金融高新区深谙招商引资的步伐不能停止。2017年，广东省金融高新区参加了第六届中国（广州）国际金融交易博览会，向外界展示了十年发展的杰出成效，包括粤港澳合作、创投小镇和珠西装备制造按揭中心等特色项目。

2017 年 3 月，金融高新区携手中国美国商会、澳大利亚商会、欧盟商会、英国商会、中央贸易协会、西班牙商会、法国商会、荷比卢商会、德国商会、西语国家联盟十大国际商会建立合作，布局全球项目资源。金融高新区也因此展现了国际化发展的决心，到目前为止，金融高新区内已入驻一批包括汇丰、友邦保险、毕马威、戴德梁行等国际企业，业务范围囊括了亚太地区甚至全球，这也说明金融高新区的经济环境在国际上获得了认可，新的招商布局也将继续推动金融高新区在国际轨道上快速前进。

金融投资产业：凯鼎投资

一切的创新都不能离开金融的力量。佛山是中国的制造之都，近年来佛山政府也在寻求机会完成传统制造业的升级转型，积极在这片土地上建设面向全球的国际制造创新中心。而转型升级的重要引擎则是资本，当地企业要实现产业升级转型要融资，需要创业投资、风险投资的力量支持，这对构筑一个现代产业的体系有非常大的帮助。而一些落户在佛山的中小企业，因为贷款困难，也期待能获得风投的机会扭转命运。在这样的背景下，金融高新区开始大力发展金融前台。面向佛山本地，以服务好本地企业为使命，实现深广佛金融高地。

凯鼎投资有限公司（以下简称“凯鼎投资”）一直专注于股权投资领域，2012 年入驻金融高新区，过去五年不断在区内发展壮大，在金融高新区发展的基础上，团队于 2015 年从南海走到深圳，2017 年初拓展到广州，在深、广两地设立了两个办公室，佛山则作为公司中后台的总部。在创业之前，凯鼎投资的合伙人戴建新在证券公司任职，整个团队的核心骨干基本上都来自不同的证券公司，有些是在上市公司，或者专门从事上市业务的会计所。在佛山大部分同行机构是实体企业下创办的创投机构，但是真正有项目经验的，科班出身的，或者是有金融资源背景的，凯鼎投资可能是为数不多的一家机构，因此就团队人才力量来说，竞争优势明显。凯鼎投资的合伙人戴建新谈及当时是如何与金融高新区结缘的，提到了“幸运”一个词。在凯鼎投资落户的时候，公司目前的所在地承业大厦这一片区域还是一片厂房，这几年的发展产业聚集非常快，特别是股权投资的产业集聚，然后通过这种现象，基于佛山南海扎实的民营经济，在资金募集方面能获得优势。利用近水楼台先得月的“商业触角”挖掘本地投资机会，如凯鼎投资的国际教育项目美伦国际学校，就是在佛山本地积累的资源落户的典型。凯鼎投资从纯粹的财务投资，慢慢地转向产业资本投资，得益于金融高新区这片土地创造了一个能让人沉下心来的环境和机会。戴建新说，“北上广深的机构很多，业内的朋友也有很多做得很好的，但是真正的从一个财务型的投资转向一个产业资本，这种变化的过程非常缓慢，有可能是那边的成本

或者生活压力，或者是各个机构对规模效应的一个比较，等等，就是说没办法沉下心来，真正做好对一整个产业链的深入研究，或者是去挖掘更好的机会。金融高新区，可以说跟北上广深的竞争当然是有的，从区域上来说，从行业的聚集来说，肯定是相对有一定的劣势的，但是我们这里的话，如果真正想做一个长期持续经营的机构，那这种环境，或者说这种本地的人文理念是比较适合的，我们可能稍微没那么浮躁，我可以花更多的精力往我的一个领域里面去，因为我们这里的第一就是成本相对较低，第二，我们政府对整个行业的扶持力度大，还有效率相对比较高，而且当时我们刚刚成立的时候，实际上我们对这个股权投资领域、基金的设立都不是很清楚的，是在当地政府的金融办的引导和指导下，才逐渐把这些基础性的工作建立起来。”

谈及政府，戴建新力赞南海区政府的高效率，尤其是政府的效率和工作人员扎实做事的专业水准非常满意。“我去广州办事，比如去银行、政府部门，拿个号或者预约要一到两个星期；如果在金融高新区，跟金融办经常沟通，通常一两天就能办完”，戴建新说。在金融高新区，有专门的金融办人员在服务企业，比如办证，企业可能也不清楚要准备什么资料，也不知道如何与工商部门对接，金融办会提供一个直接一站式的服务，企业只需要接跟金融办对接，提交资料，金融办会去协调各个部门，最后通知企业结果。“这个在其他地方是不可想象的，它会教我们，你哪里要注意，你要跟谁去对接，你要提供什么资料，等等。如果自己去慢慢地问是不知道，如果部门相互推诿的话，你就办不成事”，他还表示做投资这一行，很多机会是转瞬即逝的，如果政府的效率提高，企业就可以集中精力在募集资金和研究方面，就比其他的企业有更多的时间去对企业做专业性的研究和判断，更利于企业的生长。政府的投资政策，具体的如租金补贴，戴建新也坦言对于初创公司尤其是成本这一方面有很大的帮助。从个人方面，获得个人税收减免的优惠，对于创业者来说也减少了个人经营的压力。政府也会对区内企业的一些项目做资源对接，如每年都举办的‘灯湖论剑’的高端论坛，凯鼎投资会借这个机会和很多同行做资源上的对接，积累了很多人脉和合作机会。在未来，凯鼎投资将会聚集投资方向，逐渐转向持续性更强的行业，比如教育板块和高端装备和智能制造，恰好佛山的制造业基础非常雄厚，凯鼎投资也希望借金融高新区的牵线搭桥，联系到一些更高端的技术壁垒较高的企业，比如现在很火的人工智能和机器人行业，也都需要智能制造硬件的升级，凯鼎除了投资，也会帮助企业带来一些订单或资源，让本地企业和更大的企业进行对接，结合成一个产业链条，慢慢从区域性、中国性的区域竞争，参与到全球的竞争领域。

凯鼎投资也期待更多同行的加入，实现资源的整合，这样不仅有利于自身行业的发展，也能为园区的其他中小企业、本地的民营企业都带来金融的曙光。

南海区政府在直接融资方面已经取得了一定的成绩，2017 年上半年，南海区融资租赁（含金融租赁）机构扩展至 36 家（含法人机构 9 家），新增融资租赁架构 10 家，原位于深圳的亚金联融资租赁有限公司也迁入了金融高新区。为了加大力度拓宽直接融资渠道，《佛山市南海区促进融资租赁行业发展扶持办法》和《佛山市南海区促进优质企业上市和发展扶持办法（2017 年修订）》等扶持鼓励的相关文件也相应出台，区内设立中小企业融资风险补偿基金，对高新技术企业给予 1000 万元的信用融资和贴息优惠；企业在广东金融高新区股权交易中心可免费挂牌融资，对长期融资 50 万元以上的给予 5 万元的补贴，意在助力产业做大做强。此外，针对佛山发展的需求，佛山市政府还出台了两个工作方案，一是《佛山市打造珠江西岸创投中心工作方案》，二是《佛山市建设珠江西岸融资徐林中心工作方案》，希望通过打造珠江西岸创投中心和珠江西岸融资租赁中心实现传统企业新旧功能的顺利转换，也为经济持续的健康发展保驾护航。为了更好地落实这些政策，“千灯湖创投小镇”和“发展多层次的资本市场”成为新的命题。

本地金融产业：南海农商银行

2015年全国广泛地推动万众创业创新，佛山政府也希望利用金融高新区这个平台，负起支持周边地区创新型、创业型企业发展的社会责任，这时政府也倡导本土银行，设立科创型的支行，作为专业的科技支行，提供专业的团队服务科技型企业的成长。与此同时，政府也会严格为银行把关，首先申请贷款的企业要经过一系列资格考察，合资格就能够进入“科技型”企业这个“库”中，此举也给银行大大增强了信心。

在繁华的南海大道沿线核心区内，有一栋气势恢宏的大楼，是南海农商银行的总行所在地。从2007年金融高新区正式授牌，南海区的金融产业便开始了改革创新的征程，2010年南海农商银行总行投入使用，几乎是同步与金融高新区在金融业务创新的道路上携手前行与发展，它们的命运紧紧联系在一起。

陈晨华曾经是南海农商行的一名基层员工，现在是南海农商银行总行副行长，他见证了南海农商银行十年的成长。“南海农商行主要经历了两大里程碑式的发展”，陈晨华说到，“一个是2007年改革了内部经营机制，一个是2011年从南海农村信用社成功改制为南海农商银行。正式成立南海农商银行后，我们坚持以服务实体经济为导向，加速业务发展”。目前，南海农商行从业人员达3280名，在佛山全辖设立了242家营业网点，截至2017年8月，总资产达1729亿元，比成立时上升了2倍；就南海市场而言，存款余额的市场占有率为24.4%；各项贷款的市场占有率为23.6%，是第一位。

这样的成绩，离不开政府的指引和南海农商行自身的改革。陈晨华说，“政府为金科创新模式提供了一个很好的平台，有金融总部、后台基地、服务外包、私募创投类产业，使得金融高新区和国家其他地方的金融高新区平台有所区别”。为了更好地服务本土企业，南海农商银行逐步由一家提供传统业务的银行，转型成为金融科技深度融合创新型的金融机构。在接受采访时，陈晨华提到了四个改革特点，第一是探索金科创融合的经营模式。“我们知道佛山是中国智能制造的集中地，制造业、民营企业很发达，发展生态良好，在此定位下我们借助金融高新区这个平台，在政府引导下积极探索金科创融合的经营模式”，近两年来国家政策也提出要大力服务实体经济，而农商行一直以来都是这样做的，民营企业是主要目标客户。2015 年 12 月，南海农商银行在南海区率先成立了科技支行，以信贷业务为着力点，配置专业的金融服务团队，大力支持南海地区的科技型、创新型、创业型企业的发展。第二是大力发展小微金融业务，2016 年南海农商银行进行了扁平化架构调整，设立了三大一线部门，其中就设立了消费微贷金融中心，还有中小企业专营中心以及公司业务部，以三个层次来加大对企业的营销与合作。小微金融业务开展标准化的介绍，缩短业务流程，提升服务效益，接受政府的专项补偿，南海农商银行创新推出了 90 多款融资产品，逐步成为专业化的中小微企业服务的银行，创新业务领先佛山同行。消费微贷金融中心包括个人消费贷、按揭贷款以及微贷，使得南海农商行近距离接触低收入群体并寻找到培育客户的机会。中小企业专营中心以事业部制来进行经营和管理，他们的身份转换为主战区，在市场上快速地响应和满足客户的需求。第三是发展融资租赁业务，2016 年南海农商银行发起设立了佛山首家全国性的非银行金融机构，在客户项目渠道等多方面逐步实现了与传统金融领域的优势互补。经过一年多的发展，目前金融租赁资产已经达到 78 亿元。第四是深入地开展普惠金融。在原来以社区银行建设的基础上，以网点为阵地，以互联网金融的建设为保障，全力打通线上线下服务渠道，同时不断地接触多种平台，向广大客户普及金融知识。消费和微贷金融中心作为一线部门，也是普惠金融的一个尝试，是普惠金融这个理念的实践。

南海农商银行的金融创新是金融高新区的典范，推动了自身的创新，帮助了中小企业成长，也再次证明了政府推动金融创新应用平台的决心。

金融高新区的影响贯穿着整个创新改革的过程，现在金融高新区已经累积了很多相关行业的机构。政府提出新思路、银行提出创意，开发新产品需要进行系统的搭建，已经不用跑到上海、深圳、广州去找资源，而是可以通过政府的穿针引线直接在金融高新区内找到合作伙伴。金融高新区金融办既是一个指导员又是一个协助者。此外，政府也会定期组织一些业界交流会，努力打造信息堆成的经营氛围。

南海农商行积极配合，认为这项政策也匹配自身的发展需求。因为南海农商行这么多年贷款在南海都是保持第一，主要都是支持南海地区的实体企业，南海农商行在发展自己业务的同时，也积累了一些对这些制造型企业的人才和专业的团队。他们了解到这些科技型企业在发展阶段都不可避免地有“轻资产、高发展、重创意”的特点，一些银行的传统服务模式难以对接，特别是信息不对称、信用还没能够创造财富的阶段，南海农商银行可以有效地缓解企业的融资难问题。考虑到还要支持创业企业，就在民间金融街设立了“科创支行”。科创支行目前重点服务南海区的新材料、智能制造、节能环保、新型的信息产业电子商务等。经过一年多的发展，科创支行也有了自己的特点。审批流程快速高效，基本实现一站式服务，目前最快可在一天内完成贷款审批。注重强化和客户的沟通，在财务管理方面给出专业意见，为其资金回笼做好资金流动性筹划，截至 2018 年 8 月，科创支行为 174 家的科技型企业发放贷款 9. 2 亿元，预计未来将继续为园区的金融科创客户提供专业建议和服务。

通过南海农商行这一个缩影，我们可以看到整个园区相关企业的支持和对政府的信心，未来千灯湖创投小镇概念落地，将会引入更多科技创意类企业，金融科创这个平台会不断发展以配园区版图的扩大。

物流运输行业：德迅

经过十年的全面发展，集产业、人才、生活配套的金融高新区已经成为佛山市的著名“景点”。2015 年，千灯湖公园获得有景观设计行业全球“奥斯卡”之称的全球城市开敞空间大奖，围绕千灯湖公园辐射打造的生活悠闲区，使得金融高新区除了它本身承载的金融功能，更让人感叹其优美的工作环境和生活环境。“大城配套、小城成本，大城资源、小城生活。”使广州、深圳、香港乃至全国的技术、信息、管理人才在这里汇聚。国际化的工作机会、职业发展、便利的生活配套、优美的生态环境，让驻区员工充分体验到“高端产业，宜居生活”的美好生活。

德迅公司是全球最大的货运代理公司之一，物流运输这个行业对一些特种商品如一些药品、疫苗、鲜活动物等的温度、湿度的控制和监控都是很严格的，客户的要求很高。为了给全球的客户提供高标准的服务，德迅必须能够实现 7 ×24 小时的监督监测。因此德迅需要在全球布局信息中心，这样就可以覆盖全球的各大洲和所有时区。就亚太区而言，考虑到成本因素，佛山的投资成本适宜；南海政府在税收方面有政策优惠；并且随着金融高新区产业集聚，德迅也会获得建立扩展新业务的机会。德迅全球三大信息中心，其中一个就坐落在金融高新区内，负责亚太地区（时区）的所有业务，主要向全球德迅集团内部提供海陆空单证数据处理和财务会计数据处理，而另外两个信息中心一个在欧洲，一个在南美地区。

留学归来的黄怡在 2005 年就加入了德迅广州分公司，后来又到屈臣氏（广州）等公司工作。直到 2014 年，随着女儿一天天长大，黄怡想为家人重新置业，经朋友的介绍，他来到金融高新区多次考察，认为这里的楼盘能够提供更优的生活环境，一是交通方便，地铁直达广州，每日几十分钟的通勤时间往返广佛也可以接受；二是闹中有静，生活气氛十分和谐。一个偶然的机会，黄怡发现楼盘附近的小区配套有一个学校，下楼5分钟就到了，当时女儿已经4岁，马上就要上小学，正好上学的问题也迎刃而解，黄怡因此想将工作也迁至金融高新区。恰逢德迅信息中心于2014年入驻，本来就较有优势的黄怡很顺利地获得了公司入职通知，带着工作和家人一起搬到了佛山。入职德迅佛山后，黄怡结束了广佛双城奔波，在金融高新区安家乐业。黄怡在入驻初期加入德迅佛山，也亲身经历了公司和金融高新区的共同快速成长。在短短三年间，公司员工数量从最初的40多人增加到现在的429人，办公楼层也从12层扩充到了13层两层，黄怡成为流程优化及系统管理部门的经理，管理的团队也从最初的十多人成长到现在的50多人。而黄怡的家就在公司附近，“从办公室外面就能看见我的家”，黄怡笑着说，“不用开车，天气好的时候可以步行，有时候骑自行车，乘坐公交或者地铁也很方便，从家到公司20分钟就到了”。最让黄怡惊喜的是生活上带来的改变，以前在广州生活多年，生活节奏快，感觉没有休闲的时间，来到佛山后，公司就在美丽的千灯湖畔，住的小区配置有花园、泳池和适合小孩玩耍的地方。以前在广州，邻里之间交流很少，在佛山这边邻里关系非常和谐，常常约邻居烧烤，到家里喝茶聊天，黄怡还参加了小区的足球队，邻居之间的孩子们也互相成为玩伴。现在生活工作状态得到了很好的平衡，“我很愿意留在佛山”，黄怡总结道。

外资金融行业：汇丰银行

十年前的工人走入车间，十年后的白领走入办公室，从人力资源的现象可以说明产业的转型升级需要人才刷新匹配。十年前，多数是来到城里务工的劳动者，他们来自广东省各市各县，主要的沟通语言是粤语，做的是劳动密集型的工作。十年后，金融高新区内工作的数万名青年才俊，来自全国各地以及海外，工作语言有粤语、普通话、英文，做的多是资金密集型、人力密集型的工作。国内外的青年才俊们在这里大展身手，打拼着自己的事业。

来自法国的 Guillaume Duguet，中文名是杜智朗，2016 年因为工作的调动来到金融高新区，是汇丰环球营运中国区总监。2017 年是汇丰环球佛山营运中心落户的第三个年头，该营运中心为汇丰集团在中国香港区、英国区、美国区提供客服中心、银行业务、支付业务、贸易与应收账款融资、信贷服务等营运支持。在工作上，杜智朗要负责对运营中心的日常管理，最大的挑战是语言沟通，不过让他感到惊喜的是，同事们的语言背景和工作能力都很强，能够顺利完成工作。在来到佛山之前，他听说过这里是黄飞鸿、叶问等功夫明星的故乡，认为南海散发着独特的传统文化魅力，工作之余他会去观看赛龙舟，参观黄飞鸿故居、西樵山、千灯湖、祖庙、岭南天地等旅游景点。当外国朋友来到佛山作客时，他也会兴致勃勃地为他们做导游。在高楼林立，环境优美的千灯湖畔工作和生活，杜智朗深刻地体会到了金融高新区和中国的高速发展，即使他曾在法国、英国、印度等国的汇丰分支机构工作过，也表示非常喜欢这里的工作氛围和生活气息，将来有可能选择在金融高新区定居。

为了吸引更多的海内外专业干将，金融高新区已经落地了一些项目，努力为人才创造一个施展才华的空间。2017 年，金融高新区开始和各类科学教研机构合作，纷纷成立了人才智库。其中一个是千灯湖智库，汇集金融高新区各部门优秀撰笔人和北京外国语大学南方研究院的科研团队，进行国别经济研究，讨论时下热门话题。另一个智库是蓝海创想家俱乐部，它是广东金融高新区股权交易中心人才板的重要板块，结合“人才板”的线上综合服务平台、领军型创新创业团队全景路演中心、人才技术交易中心等功能板块，发挥“聚人气—汇资源—促合作”的智能作用，进一步打通“创新驱动—人才驱动—资本驱动”渠道。蓝海创想家俱乐部还将创业企业和人才团队链接高校（科研院所）、科技领域投资者、知名创投机构、高科技企业、公共技术服务平台、各类创新创业载体等众多资源，促进人才团队与金融、科技、产业的对接。此外，还将为创业企业和人才团队整合本地政府、社会各类科技服务产品、科技服务机构、创新孵化载体、创业导师等创新创业资源，提供包括政府项目申报、科技金融服务等多项服务。

阳光的午后，在南海区39度空间随意走走，可以见到独栋的咖啡屋、餐厅、运动场等创客社区，许多年轻人喝着咖啡，谈天聚会，讨论着在南海的生活，在键盘上敲着他们的创业计划。39度空间作为文化创意、创新科技和产业配套服务的场所，吸引着许多有想法、有干劲的年轻人创业。这里首先提供了良好的硬件环境和生活配套设施，优美的生活环境，现代化的创业气息，高档的写字楼群，就连电力保障设备都媲美纽约金融高新区，堪称世界级别；从软实力来说，39度空间坐落在千灯湖创投小镇内，周边部署着孵化器、加速器、天使投资、创业公寓、创业学院、一站式创业行政服务、路演中心等多元化的创业服务业态，为年轻创业者的事业开展提供了成长的沃土。为了更好地吸引和服务创客，政府为此也讨论了一系列的落实办法，南海人才办拟设立“人才客户经理制度”，该制度是2011年起实施的人才一站式服务制度的深化，由人才客户经理根据需求，为重点人才提供办理工商税务登记、落户、配偶安置、入住人才公寓、子女入学、医疗保障、出入境签证等保姆式贴心服务。随着千灯湖创投小镇的改造和正式启用，也期待落户的创客拥有更多精彩的创意，将39度空间和创投小镇的文化、创业影响力发扬光大。

南海政府早已意识到了高端专业人才的重要性，一项数据显示：截至2016年底，南海区人才总量达到44.5万，其中博士519名、国家“千人计划”专家32人（占全市的70%）、省领军人才3人、省“特支计划”2人、市领军人才48人（占全市的27%）；拥有省、区、市高端创新创业团队115个，其中省领军团队1个、市科技创新团队38个（占全市的64%）。通过国家“千人计划”，南海政府吸引一批高层次人才，并为他们提供一些工作、生活方面的补助。2017年是南海政府参加“国际人才交流大会”的第6个年头，在这一届国交会上，有来自美国威斯康星大学、德国柏林工业大学、新西兰坎特伯雷大学等的海外博士人才，他们在会上展示了最新的智能研究项目，涉及无人机、高端医疗、机器人等全球最前沿的技术。他们带着项目参展，也希望为项目落地找到一个温馨的“家”，金融高新区做了充分准备，希望展示园区的魅力，争取这类科技人才落户。经过金融高新区的努力推介和推广，毕业于美国伯克利大学的海归博士马龙，带着20人的创客团队，在与南海区人才办人才服务科副科长黄健忠洽谈后，打算将项目落地南海。“我们计划推荐他申报‘蓝海人才计划’，做好引才、留才等全人才生命周期的服务。”黄健忠表示，短短两日，就有多个项目准备落地南海。借助国交会这个平台，南海还将与国际猎头公司合作，把邀请的手伸到海外，对接全球人才资源，为南海区打造国家制造业创新中心核心区和全球创客新都市做好智库储备。

金融高新区未来有许多新的项目疆土计划开拓，创新思维、项目的落实、行业的发展都离不开商业领袖，这要求金融高新区继续海纳百川，招海内外专业人才落户。金融高新区现已汇聚5万名中高端人才就业创业，园区里的工作人员从里到外都发生着巨大改变。随着未来的版图扩充，金融高新区已经意识到人才的重要性，为了让人才安居乐业，南海政府积极打造“归属感”，对高端人才尤其是金融高端人才在出入境手续办理、医疗社保、购房、税收、子女入学等方面提供许多优惠政策。

结　语

2007—2017 年，白驹过隙，沧桑巨变。细数每一个年头，有艰难挑战，金融高新区用毅力和头脑解决；有想法创意，金融高新区用恒心和行动落实。“十年磨一剑”，这个奇迹般地平地而起、从无到有的金融高新区，实现了全国金融后台的梦想，向佛山的金融前台扬帆起航。

从产业行业发展的角度来看，金融高新区目前已形成了一个特色小镇（千灯湖创投小镇）、一个重点平台（广东金融高新区股权交易中心）、两个重要产业（私募创投产业、融资租赁产业）、四个品牌活动（“金融·科技·产业融合创新洽谈会”、“岭南投融资对接会”、“灯湖论剑”互联网创业大赛、中国金融论坛——广金·千灯湖金融峰会）等拳头平台、业态和活动，被各平台业界视为伟大的经济发展作品。

从城市建设的角度来看，金融高新区在交通、绿化、基础设施建设等方面都已成为南海区甚至是佛山地区的城市名片，形成了一道亮丽的现代化生态宜居城市风景线。

在社会各界的掌声中，金融高新区虚怀若谷，继续未来的梦想，前进的步履不停。将来，金融高新区计划完成核心区七大组团和特色小镇的主体建设，引入一批全国、全球顶尖创新创业青年人才和主题产业园；品质城市和创新生态的建设取得阶段性成果，2020 年创新生态磁聚效果显现，即将成为具备全球影响力的国际创客中心。

金融高新区的第一个十年已经过去。十年，对于一个区域的发展建设进程而言并不算很长，不需要多少篇幅就能大致记录下来；但对于每一个正为这片区域发展贡献力量的人来说，金融高新区的每一项工作成绩，都意味着十年如一日的坚持、投入、奋斗与心血，虽万言而难描其一。

下一个十年会怎样？怀揣着支持与期望，让我们拭目以待。